会計の神さま
が教えてくれた
お金の
~Money Rules~
ルール

天野敦之
Atsushi Amano

日本実業出版社

15世紀後半、イタリア、時代はルネサンス期。

イタリアの商人たちは、のちに人類最大の発明の1つと言われる秘宝を手にしていた。

その秘宝とは、複式簿記をベースとした「会計の知恵」。


この会計の知恵を、初めて著書として体系的にまとめたのが、「近代会計の父」と呼ばれる数学者ルカ・パチョーリである。

近代会計により商業は栄え、のちの株式会社の誕生、産業革命へとつながっていく。


そして21世紀、日本、時代は令和。

1人の冴えないサラリーマンが、現代に降臨したルカ・パチョーリと出会い、「お金のルール」を学び、人生を大きくシフトさせていった。

『会計の神さまが教えてくれたお金のルール』もくじ

第1章

「会計リテラシー?」僕、営業部ですけど

第2章

複利を活かしてお金を増やす

第3章

人の力を借りてレバレッジを活かす

第4章

お金の流れをイメージして回転を速める

第5章

損益構造を把握して価値を創造する

カバーデザイン 井上新八
イラスト 髙柳浩太郎
DTP 一企画

第1章

「会計リテラシー？」僕、営業部ですけど

■近代会計の父、ルカ・パチョーリ現わる

「こんな給料じゃ正直見合わないよなあ」

僕は隣に座っている岡田に声をかけた。

今日は勤め先の営業部第二課の飲み会だ。僕は仕事ではおもに法人向けに、営業支援システムのソフトウェアとハードウェアの販売を担当している。

僕と岡田は同期で、今年入社4年め、2人とも半年前に主任に昇進したばかりだ。昇進したと言っても昇給はわずかで、その割に部下の面倒を見る責任は増えた。働き方改革の一環で残業は禁止されたが、仕事量は減らない。結局、自宅に仕事を持ち帰らなければ終わらない状況だ。給料は極端に安いわけではないが、労働時間には見合わない。

「松井くん、あなたって本当に『**会計リテラシー**[*1]』がないわね」

振り返ると、営業課長の小林さんが座っていた。いつの間にそこにいたんだろう。さっきは別のテーブルにいたはずなのに。

「商学部出身で簿記も持ってるんでしょ？　そういうのを『宝の持ち腐れ』って言うのよね」

上司の小林さんは最年少で営業第二課長に昇進した、いわゆるバリキャリ女子だ。表現がストレートで、裏表がないので、上司からの信頼も厚いし、部下からも人気がある。ただお酒が入ると口が悪くなるという難点がある。そこも魅力の１つではあるが、標的にされるとつらい。

「あの、『会計リテラシー』ってどういう意味でしょうか？」

「会計の知識を活用したり応用したりする力のことよ。**ビジネスをしていくうえ**

＊1　リテラシーとは、原義では「読解記述力」を指すが、現代では、適切に理解・解釈・分析・表現し、活用する力、応用力を意味する。

では、簿記の何級を持ってるとか、仕訳ができるとかは、はっきり言ってどうでもいいのよね。それよりも、会計の知識を活かせるかどうかが問題なのよ」

「会計の知識を活かす力……」

僕はつぶやいた。僕は一応、大学は商学部出身で、会計の授業も受けていたし、**簿記3級**[*2]も持っている。でも経理部の仕事はあまり興味が持てなくて、就活のときに営業を志望して、志望通り営業部に配属された。

営業の仕事では会計や簿記の知識を活かす機会もなかったので、自分が商学部出身であることや、簿記の資格を持っていることなど、自分でもすっかり忘れていた。

「でも、営業で会計の知識ってどうやって活かしたらいいんですか?」

「あなたねえ、もう主任でしょ。新入社員じゃないんだから、それくらいまずは自分で考えてみなさいよ」

会計を活かすっていったいどうしたらいいんだろうか? そもそも会計のこと

なんてすっかり忘れてしまったから、再度勉強しなおさないと始まらないのかもしれない。

「まあでも、**会計リテラシーが身についていれば、『給料が見合わない』なんて言葉は出ない**と思うわよ」

会計リテラシー。会計の知識を活かす力。いったいどういう意味だろうか？僕はこっそり手元のスマホで検索してみたが、ウィキペディアには書いてないし、はっきり定まった答えは見つからない。小林さん独自の理論なのだろうか？

小林さんの言葉が気になりつつ、二次会のカラオケに行き、酔っ払いながら終電で家に帰った。

僕は静岡の出身だが、都内の大学に進学するため都内で１人暮らしを始め、就職してからもずっと都内に住んでいる。大学時代から付き合っていた彼女と一緒

＊2　簿記の資格には、日商簿記・全商簿記・全経簿記の３種類があるが、一般的に簿記の資格というと日商簿記を指すことが多い。３級は商業簿記のみで、２級以上になると工業簿記（原価計算）が含まれる。

に住もうと思って、半年前に主任に昇進してから少し広い家に引っ越したのだが、そのすぐあとに彼女とは別れてしまった。
それからは仕事と家の往復で、新しい出会いもないし、なんかパッとしない。会社の仕事にも情熱を感じなくなってきたし、これといった趣味もない。給料も決して低いわけではないのに、なぜかいつもお金はカツカツ。先月26歳になったけど、人生ってこんなもんなのだろうか。

「はあ、会計リテラシーか」

僕はそう言いながら、書棚でほこりをかぶっていた会計学の本を取り出した。大学の授業の副読本として購入したものだが、内容が難しくて最初のほうしか読んでいなかった。引っ越しのときに処分しようと思ったが、3000円もした本だったので、なんとなくもったいなくて取っておいたのだ。
ベッドで寝転がりながらパラパラとめくり始めると、最初の章は「会計の歴史」だった。現代会計の基本である**複式簿記**[*3]は、ルネサンス期に誕生したと書かれている。ルネサンス期の商人たちが用いていた複式簿記の仕組みを、1494年に初めて『算術・幾何・比及び比例全書』という書籍としてまとめたのが、**ルカ・パチョーリ**[*4]という修道僧でもある数学者で、「近代会計の父」と呼ばれているらしい。

「ルカ・パチョーリか、試験に出るから一夜漬けで覚えたけど、なつかしいな。それにしてもパチョーリって変な名前だな」

そう思いながら読み進めていったが、会計の本というのはどうしてこうもつまらないんだろう。こんな知識が本当に仕事に活きるんだろうか? そんなふうに思っていたら、ウトウトと眠くなり、そのまま眠ってしまった。

「おい、誰が変な名前やねん」

＊3　1つの取引について原因と結果の2つの面から見てその両方を記録する方法。
＊4　Fra Luca Bartolomeo de Pacioli（1445年－1517年）は、イタリアの数学者。「近代会計（学）の父」と呼ばれる。修道僧でもあった。

僕はなにか人の声がしたような気がして目を覚ました。

ん、夢か？

「おい、おまえ、誰が変な名前やねん」

間違いない、誰かいる。

「わあ！　誰だ！　おまえ？」

僕が寝ているベッドの横、もう手を伸ばせば届きそうな近さに、真っ黒い法衣のような布を身にまとった長身の男が立っていた。いかつい顔をしてこっちをにらんでいる。まさか強盗か？

「お、おい！　う、うちには金目のものなんてなにもないぞ！」

僕は声を震わせながら叫んだ。

「そう慌てんでええて。おまえがワシの変な噂しとったから、気になって出てきただけや」

変な噂？ なにを言ってるんだ？ というか早く110番しなければ。そう思って携帯を探したが、まずいことにちょうどこの男のうしろで充電中だ。

「おまえ、さっきワシのこと、変な名前とか言って笑ってたやろ」

こいついったい誰だ？ 話し方もおかしな関西弁だし。部屋の中に見知らぬ男がいるという、どう考えても危険な状況なのに、このおかしな関西弁のせいか、緊張が緩んでしまう。落ち着いてよく見ると、いかつい顔はしているが、どことなく憎めない顔だ。年齢は50歳くらいだろうか。

「こう見えてもワシは数学者で、修道僧でもあるんやで」

「数学者で修道僧。え、もしかして、あの、ルカ・パチョーリ⁉」

「そうや。ワシがパチョーリや」

■「会計リテラシー？」僕、営業部なんですけど

まさか、そんな。寝る前に、変な名前と笑った記憶はあるけど、こいつ、僕が寝る前から部屋にいたのか？　というか、なにをふざけているんだ⁇

「ルカ・パチョーリってルネサンス期の人ですよね？　ルネサンス期の人がいま生きてるはずないじゃないですか。なにおかしなこと言ってるんですか」

「まあまあ、そんな細かいことはどうでもええやんか。それよりおまえ、会計リテラシーがないって言われたやんな」

「え！　なんで知ってるんですか？」

そうか、これは夢だ。小林さんに言われたことがショックで、いま夢を見ているんだ。そうに違いない。

「その上司の言うことは正しいな。おまえの**仕事も人生もうまくいってない理由は、会計リテラシーがないせいや**」

「あの、会計リテラシーってどういう意味ですか？」

「おまえ、上司の小林さんも言うてたやろ。会計の知識を活用したり応用したりする力のこと。もう忘れたんか？」

「いや、覚えてますけど、会計リテラシーって言葉はあまり聞いたことがなかったので。小林さんとは知り合いなんですか？」

「知り合いちゃうよ。ワシはなんでもお見通しなんや」

夢にしてはよくできている。この際だから夢が覚めるまでいろいろ聞いてみるか。

「あの、僕は営業部なんですけど、営業でどうして会計が必要なんですか？」

パチョーリは、やれやれと首をすくめて、あきれた顔でため息をついた。

「おまえ、ホンマになんもわかってないな。**営業だけでなく仕事する人は誰でも、会計のリテラシーは絶対身につけといたほうがええねん**」

仕事する人は誰でも会計リテラシーを持っていたほうがいい。本当だろうか？　でもそういえば、就活のときに、社会人の必須スキルは英語、ＩＴ、会計、という話を聞いたことがある。簿記3級を取ったのも、会計の知識があると就活でアピールできると思ったからだ。でも実際には、入社してから簿記の知識を使ったことはないし、社会人の必須スキルが英語、ＩＴ、会計なんて話もすっかり忘れていた。

「もっと言うたら、**主婦でも学生でも、生きている以上は会計リテラシーは必須やな**」

「え、仕事をしてなくても会計リテラシーが必要なんですか？」

「そらそうや。生きている以上はお金とは無縁ではおられへんやろ。そしたら会計リテラシーは不可欠や。**会計リテラシーがなかったら、一生お金に振り回されて生きることになるぞ**」

「一生お金に振り回される……」

そんなのはごめんだ。ただでさえいまお金が大変なのに、それがずっと続くなんて考えられない。でも大学のときに勉強した会計や簿記の知識が、お金に振り回されずに生きられることにどうつながるのか想像できない。家計簿をつけるとか、そういう話なのだろうか？

「あの、それは家計簿をつけてお金を管理すべきということでしょうか？」

「そうやない。まあ家計簿をつけるのは感心なことやけど、そんなレベルの話やったら、わざわざ『会計リテラシー』なんて言葉は使わんでええ」

それはそうだ。小林さんも、そんな意味で言ったのではないだろう。

「要するに、おまえが仕事で結果が出えへんのも人生がパッとせえへんのも、会計リテラシーがないからっちゅうことやな」

「ちょっと待ってください。僕はこう見えても一応大学は商学部だし、簿記３級も持ってますよ！」

「そんなもん関係あらへん。ホンマに会計リテラシーが身についてたら、いまみたいな状態にはなってないはずやしな」

僕は言葉に詰まった。こいつはどこまで僕の現状を知っているんだろう？

「まあ**簿記1級を持っていても、会計リテラシーがない奴は多い**からな。それも無理ない話や」

「え、簿記1級を持っていて会計リテラシーがない？　どういうことですか？」

「簿記はあくまで会計の一部に過ぎへんからな。だっておるやろ？　簿記にくわしくても人生パッとしない奴が」

僕は会社の経理部で同期の田中の顔を思い浮かべた。彼は簿記2級を持っているがすごく仕事や人生がうまくいっているかというと、そうではない気がする。でも、会計が人生に関係しているということがまるでピンとこない。

「あの、会計リテラシーが仕事や人生に役立つっていうことが、よくわからないのですが」

「まあわかってないやろな」

「よかったら、会計リテラシーについて教えていただけませんか？」

これは夢なのか現実なのか、もうそんなことはどうでもいい。もしかしたらここに僕の人生を好転させるヒントがあるのではないか。そんな思いで、教えを乞いたくなった。

「そうやなー。さっきおまえ、名前が変ってバカにしてたからな」

「それはすみませんでした。決して悪意があったわけではありません」

僕は素直に頭を下げた。

「それにな、ワシの授業料は高いで」

「え、お金がかかるんですか？」

「そらそうや。なにかを教わるのに無料なんてあるかい」

いったいいくらかかるのだろうか？　何万円？　何十万円？

「パチョーリさんは『近代会計の父』と呼ばれるくらいの方だから、高いんですよね。正直、いまそんなにお金に余裕はないんです」

「ん、近代会計の父？　いまおまえ、近代会計の父って言ったんか？」

そう言うと、パチョーリの目つきが変わった。口元が緩み、なんかめちゃくちゃうれしそうだ。

「はい、会計の教科書にそう書かれていたので」

「近代会計の父か。うん、ええ響きや」

パチョーリの顔が明らかにニヤけている。

「まあせっかくの縁やし、教えたるわ」

「本当ですか？　ありがとうございます！」

なんて単純でわかりやすいんだ。僕は素直に喜んだ。というか、これは夢だよな？　喜んでいいのか⁇

「さてと、会計リテラシーをわかってないのは、おまえだけやない。そもそも、会計と簿記はよく混同されるからな。ビジネスマンは会計の知識が必要だとか聞くと、みんな慌てて簿記の勉強をしおる。で、簿記がつまらんから会計がつまらんって思ってまうねん」

僕はうなずきながらパチョーリの話を聞いていた。

「で、簿記の勉強をちゃんとやって、**B／S（貸借対照表）**[*5]や**P／L（損益計算**

＊5　Balance Sheetを略してB/Sという。貸借対照表。会社の財政状態を示す決算書の1つ。

書）[*6]を読めるようになったとしても、経理や財務の仕事をしているのでもないかぎり、その知識を仕事や人生で活かす場面は少ない」

「そうなんですよ。だから小林さんが会計リテラシーって言ってもよくわからなくて」

「それも無理ない話やな。そもそも会計リテラシーって言葉に厳密な定義があるわけやないからな」

「え、そうなんですか」

「さっきグーグル先生に聞いてたよな。それでなにかわかったか？」


　なぜルネサンス期の人がグーグルを知ってるのか、そんなことはもう気にならなくなっていた。


「いえ、いろんな記事がありましたが、いまいちピンときませんでした」

「せやろ。ちなみにおまえは、会計リテラシーって具体的にどういうことやと思う？」

それを知りたくて聞いているのに、と言いかけたが、不満が顔に出てしまったのだろうか。パチョーリの眉毛がつり上がった。

「こら、まず自分で考えることが大切やで。考えもせんと教わってばかりやったら身につかへんからな」

「すみません。えーと、会計リテラシーとは、数字で考える力のことですかね」

「うん、それも間違いやない。物事を数字とロジックで考える力は会計リテラシーの1つや」

物事を数字とロジックで考えるという研修は、主任に昇進したときの**ロジカルシンキング**[*7]研修で習ったばかりだ。ロジカルシンキングのことを会計リテラシーというのだろうか。

＊6　Profit and Loss Statementを略してP/Lという。損益計算書。会社の経営成績を示す決算書の1つ。

＊7　論理的思考。問題を要素に分けて整理し、結論を導き出すための思考法であり、ビジネスマンの必須スキルの1つ。

「物事を数字とロジックで考えるなんて、ビジネスパーソンなら当然のことや。でもな、それを伝えるためにワシは来たんじゃない。それならわざわざ近代会計の父と呼ばれるワシが来た理由はないからな」

自分で自分を近代会計の父と言ってる。よほどそのフレーズが気に入っているのだろうか。

「ワシはもっと根本的なことを伝えたくて来たんや。心して聞けや」

僕は姿勢を正した。

■お金には「コスト」がかかっている

「会計リテラシー、つまり会計の知識を活用したり応用したりする力の中で、一番ベースになることを教えたるな」

「はい、お願いします」

「まず大切なのは、**お金にはコストがかかってることを意識する**っちゅうことや」

「お金にはコストがかかってる。それって銀行からお金を借りたら利息がかかるってことですか?」

それくらいなら僕にもわかる。そんなことが会計リテラシーの一番のベースなのか?

「それだけやないで。**自己資本**[*8]にもコストがかかっとるやろ?」

自己資本か。僕は貸借対照表を思い浮かべた。

左側が「資産の部」で、右上が「負債の部」、右下が「純資産の部」だったはずだ。資産がお金、商品、建物など、負債が借入金などの借金、差額が純資産で、

＊8 返済義務のない資本のこと。正確には、自己資本は、「株主資本(資本金＋資本剰余金＋利益剰余金－自己株式)」に「その他の包括利益累計額」を加えた金額。この「自己資本」に「新株予約権」と「非支配株主持分」を加えたものが純資産になる。

この純資産が自己資本だったと思う。うん、それくらいは覚えてるぞ。

「おまえ、まさか自己資本がわからんちゆうことはないよな？」

「えーと、株主から出資されたお金のことですよね」

「せや。株主から出資されたお金が**資本金**[*9]と**資本剰余金**[*10]になる。それ以外にこれまで累積してきた利益が**利益剰余金**[*11]やな。**他にも細かいものがあるけど、資本金と資本剰余金と利益剰余金が自己資本だと思っておけばええ**」

そうだった。でも、負債にコストがかかるのは借入金の利息を考えればわかる

貸借対照表(B/S)の基本

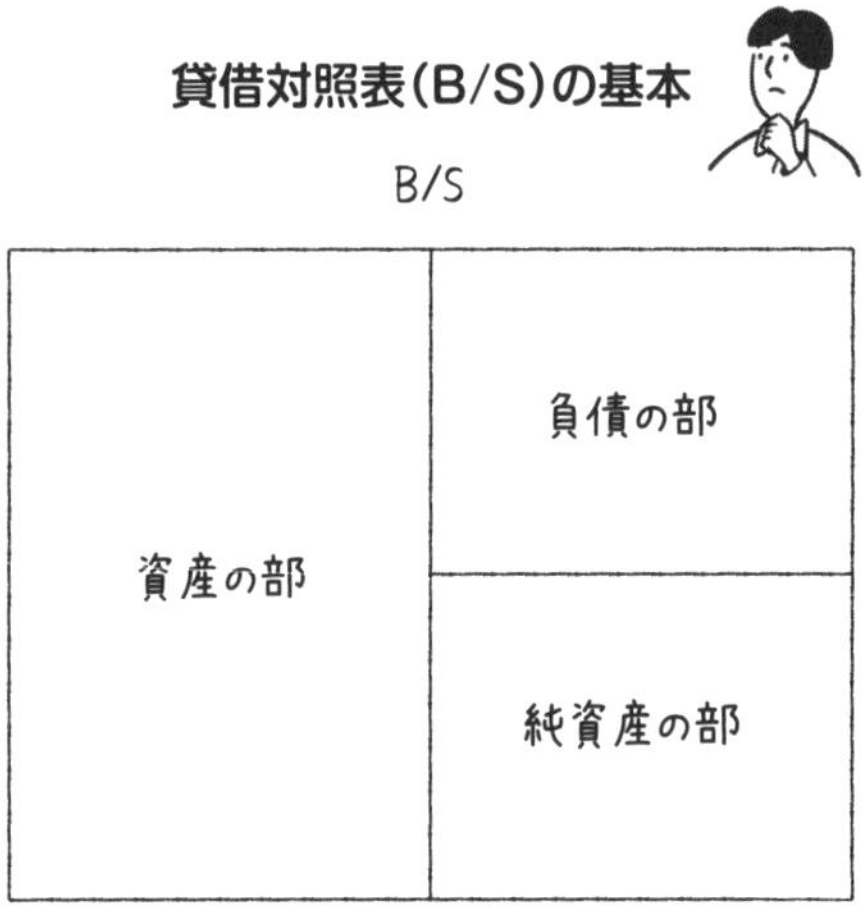

けど、株主から出資された自己資本のコストとはなんだろうか？　**配当**[*12]のことか？

「この自己資本にもコストがかかっとるんや」

「それは配当のことですか？」

「それも一部や。でもそれだけやないで」

配当以外のコスト。そういえば大学時代になんか勉強したような気がする。なんだったかな。

「あ、『**資本コスト**[*13]』ですね。思い出しました」

＊9　株主が会社に拠出した金額のうち、資本金に組み入れたものを「資本金」、資本金に組み入れなかったものを「資本準備金」という。

＊10　資本取引から生じた剰余金のこと。資本剰余金は「資本準備金」と「その他資本剰余金」で構成される。

＊11　企業が生み出した利益のうち会社内部に蓄積されているもの。利益剰余金は「利益準備金」と「その他利益剰余金」で構成される。

＊12　会社が稼いだ利益の一部を株主に支払うもの。１株あたり◯円、という形で支払われる。配当をいくらにするかは株主総会で決まる。

＊13　企業の資金調達に伴うコスト。

僕はふと思い出したキーワードを口にした。きっとこれだ。

「ホンマに思い出したんか？　じゃあ資本コストについて説明してみぃ」

「え、いや、あの……」

　パチョーリは僕を冷たい目で見ている。

「でも資本コストなんて社会人になってから使ったことないし、忘れちゃいましたよ」

「だからそれが表面的な理解やって言うてんねん。資本コストっちゅう用語は使わんでも、その本質を理解していれば、仕事や人生に活かしとるはずやからな」

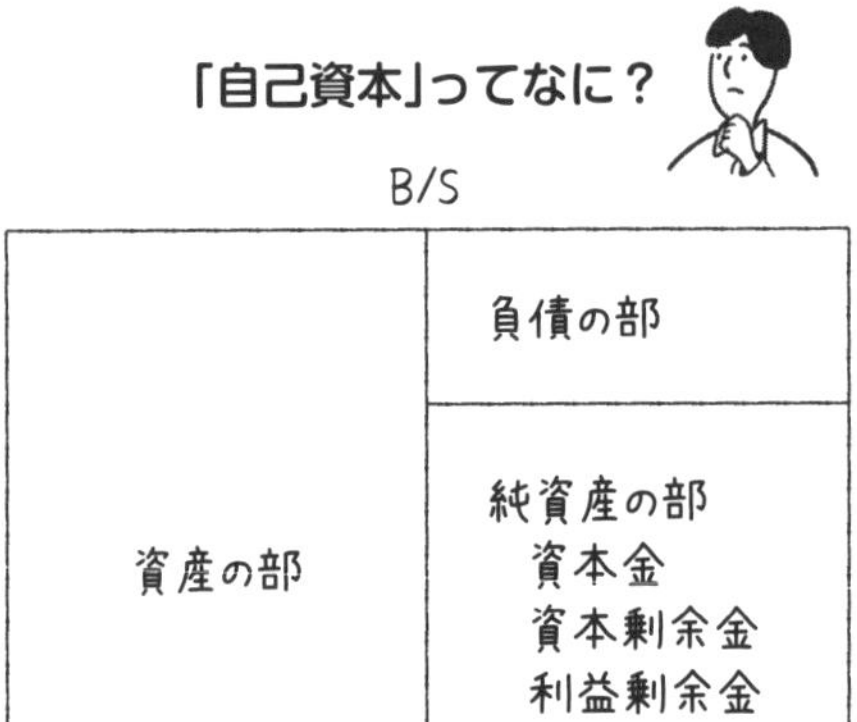

自己資本とは、資本金・資本剰余金・利益剰余金のこと

「すみません」

僕は本質的にはなにも理解していなかった。試験に出るから覚えただけだ。

「まあ謝ることやない。それに、おまえが本当に資本コストを理解しとったら、いまみたいな状況には陥ってなかったやろうからな」

「え、資本コストを理解してたら、僕のいまの状況も変わっていたってことですか？」

「そらそうや。それが活きた知識っちゅうもんや」

「活きた知識。僕は活きた知識を学びたいです」

「ええ心がけや。じゃあここでちょっと会計の基本を復習しとこうか。まず貸借対照表の左側が資産の部、右上が負債の部、右下が純資産の部、やな？」

パチョーリはノートにバランスシートを書き、資産、負債、純資産と書き込んだ。

「はい、それくらいは覚えてます」

「で、右側の負債と純資産が、お金をどこから調達したか、左側の資産が、そのお金の状態を示している。これもええな？」

「えーと、すみません。きちんとは理解できていないと思います」

「素直でええな。お金を調達する方法には、大きく分けて2つある。1つめは、株主から**出資**[*14]を受ける方法、2つめは、銀行などから借りる方法やな」

「そうですね。その2種類です」

「株主からの出資が純資産の部、銀行などからの借入れが負債の部に載るから、貸借対照表の右側はお金の調達元を示していると言えるな」

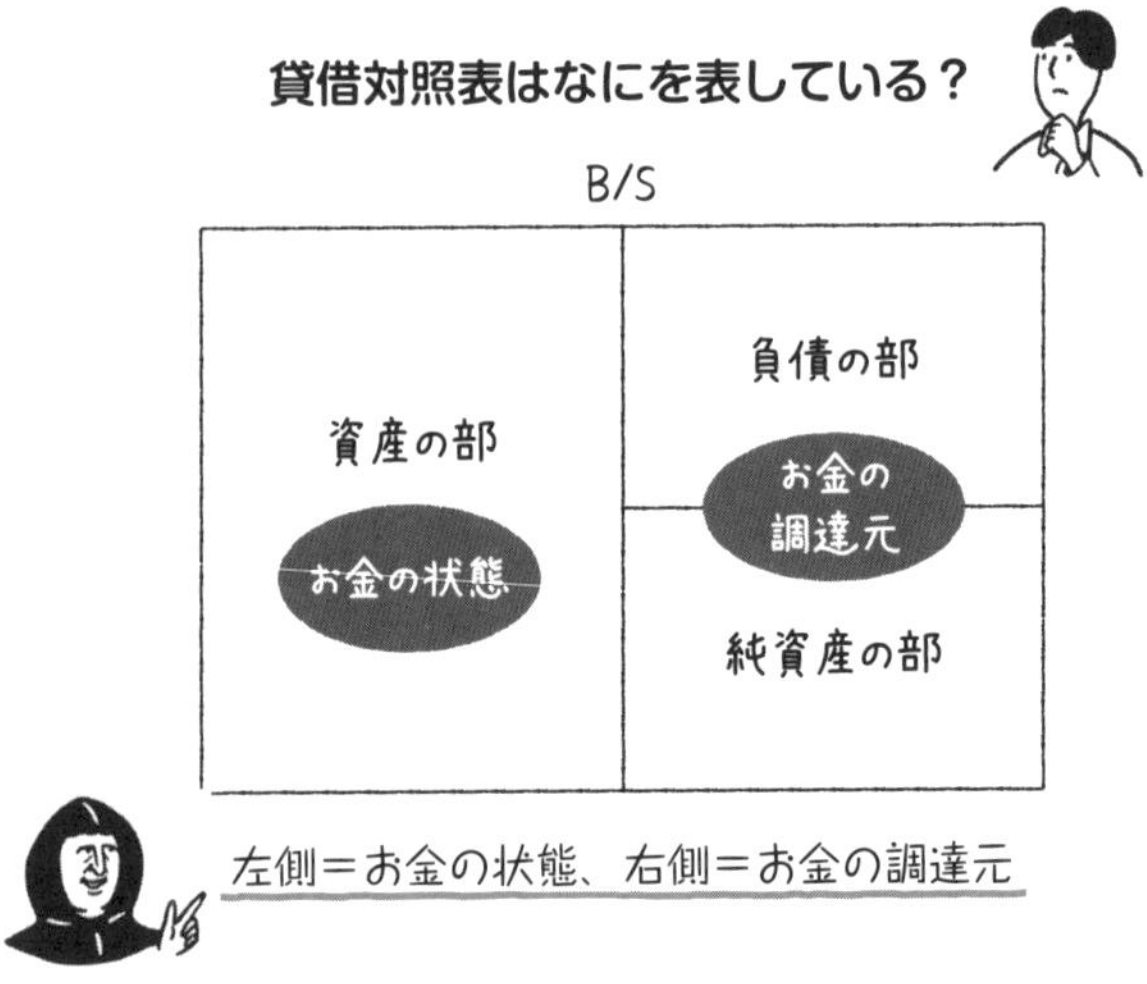

パチョーリはそう言いながらノートに書き込んだ。

「そんで、調達したお金は貸借対照表の左の資産の部に載るわけやけど、そのお金が商品や備品や建物に変わっていく。せやから貸借対照表は、右側がお金の調達元を示し、左側がお金の状態を示しているっちゅうことや」

「そうでした。思い出しました」

「で、負債のコストはわかりやすいな。借入金やったらその利息や。問題は自己資本やな。負債には利息や返済期日が決まっているのに対して、自己資本は利益

負債のコスト、自己資本のコスト

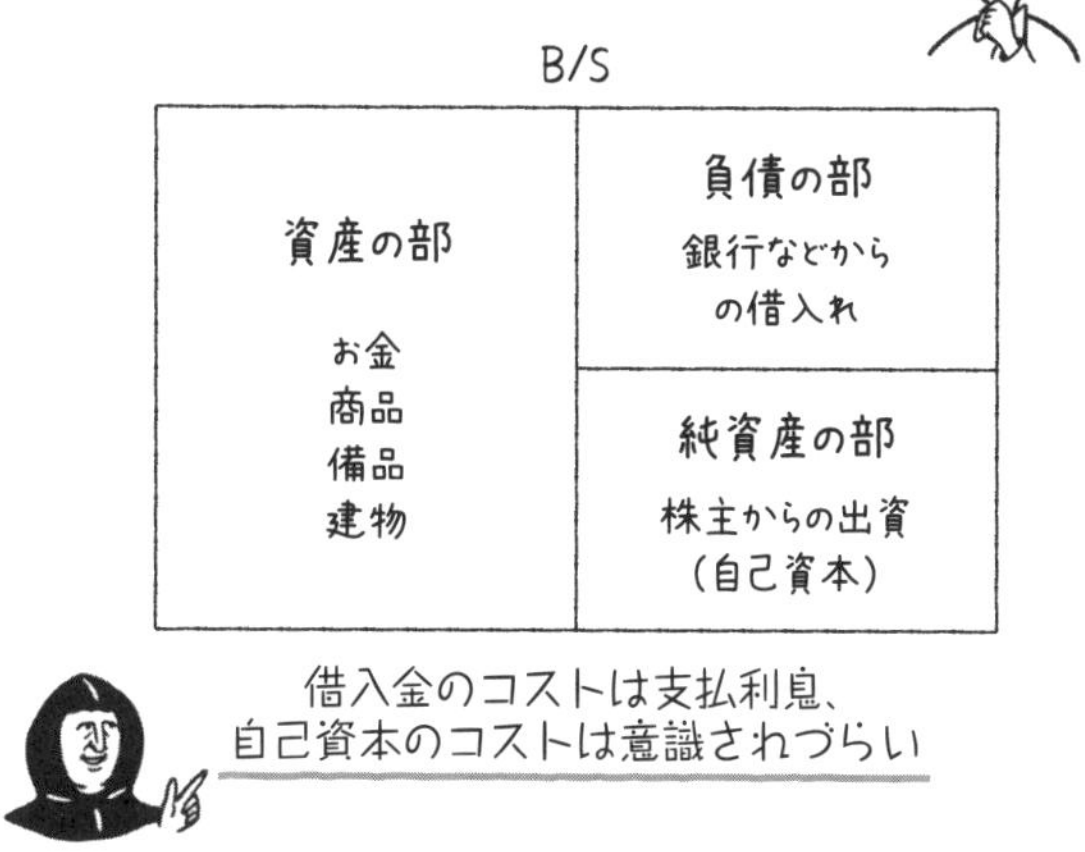

＊14 投資家が会社にお金などの財産を提供し、会社が株式を発行すること。

が出たときだけ配当すればいいし返済義務もないから、自己資本のコストは意識されづらいんや」

そういうとパチョーリは、負債と自己資本についての比較表をノートに書いた。

「若いベンチャーの経営者の中には、投資されたお金はもらったのと同じやと思っとるような奴もおるけど、これはものすごい誤解やな。出資を受けるというのは、会社の所有権の一部を譲り渡すことなんや。場合によっては社長解任とか会社売却にいたる場合もある。その怖さをわかったうえで出資を受けなあかん」

「負債」と「自己資本」はどう違う？①

負債	自己資本
支払利息あり 返済義務あり	支払利息なし 返済義務なし

自己資本は返済義務がないため、
株主は債権者と比べて
お金が戻ってこないリスクが高い

それも大学で学んでいた。大株主になると**株主総会**[*15]で社長を解任することもできるのだ。

■株主が投資するのは「リターン」が得られるから

「会社が倒産したとき、負債と自己資本、どちらが優先的に返済されるか知っとるか?」

「えーと、それはやっぱり返済義務がある負債ですか?」

「その通りや。つまり株主は、債権者と比べてお金が戻ってこないリスクが高いんや」

パチョーリは負債と自己資本の比較表に書き足した。

*15 株式会社の最高意思決定機関。株主の投票による多数決で、株式会社の基本的な方針や重要な事項を決定する。決議事項によって必要な得票数は異なる。

「ということは、少なくとも債権者よりは多くのリターンを得られなければ、株主は投資しようとは思わんな」

それはそうだ。万一のときに返ってこない可能性が高いのであれば、それだけ多くのリターンがなければ割に合わない。

「せやのに、自己資本は返済義務もないし利益が出たときだけ配当すればいいから、負債よりもコストが安いと思っとる奴が多い。これもとんでもない誤解やな」

「僕もそう思っていました。でも自己資本のコストって具体的にはいくらになるんですか？」

「自己資本のコストは、CAPM[*16]っちゅ

「負債」と「自己資本」はどう違う？②

負債	自己資本
支払利息あり	支払利息なし
返済義務あり	返済義務なし
優先的に返済される	財産が余れば返済される

債権者よりも多くのリターンを得られなければ
株主は投資しようと思わない

うモデルで求めるのが一般的なんやけど、これは理解せんでええ。ただ、**自己資本のコストは負債のコストよりも高い**ことは理解しとき。で、この負債のコストと自己資本のコストを加重平均したものをＷＡＣＣ[*17]と言って、これが資本コストの計算方法なんやけどこれも覚えんでええで」

■資本コスト以上にお金を増やす責任

「ここで大事なのは、**調達したお金に資本コストっちゅうコストがかかっていることへの自覚、そしてその資本コスト以上にお金を増やす責任への自覚**や。その責任を果たさなければ、借金も返せへんし、株主の期待に応えられず株価が下落し、最悪の場合は会社の存続が危ぶまれる。それを理解することが一番の大前提やな」

「はい、わかりました」

＊16　資本資産価格モデル（Capital Asset Pricing Model）。個別株式が持つβ値から、その株式に投資をしている投資家がどのくらいの収益率を期待するのかを関係づけたフレームワーク。

＊17　加重平均資本コスト。資本コストはWACCで求めるのが一般的。

「いや、本当の意味ではわかっとらん。おまえがもらっとる給料、その**給料にもコストがかかっとる**って意識したことがあるか?」

「え、いや、その……」

僕は言葉に詰まった。僕の給料にコストがかかっているなんて、これまで考えたこともなかった。

「給料だけやない。会社が負担しとるおまえの社会保険料、おまえを育てるための教育研修費、仕事で使うとるパソコン、机、オフィスの賃料、光熱費、営業を支える事務や総務や人事などのバックオフィス、それらを払うためのお金にもすべてコストがかかっとることを意識しとるか?」

「いえ……、まったく意識していませんでした」

「そうやろな。たとえばおまえが会社で使うとるパソコンが20万円で、資本コストが仮に10%だとするな。その場合、20万円プラス、その20万円を調達するのにかかった資本コスト2万円、つまり22万円以上のお金を、そのパソコンを使うことで生み出さなあかんってことや」

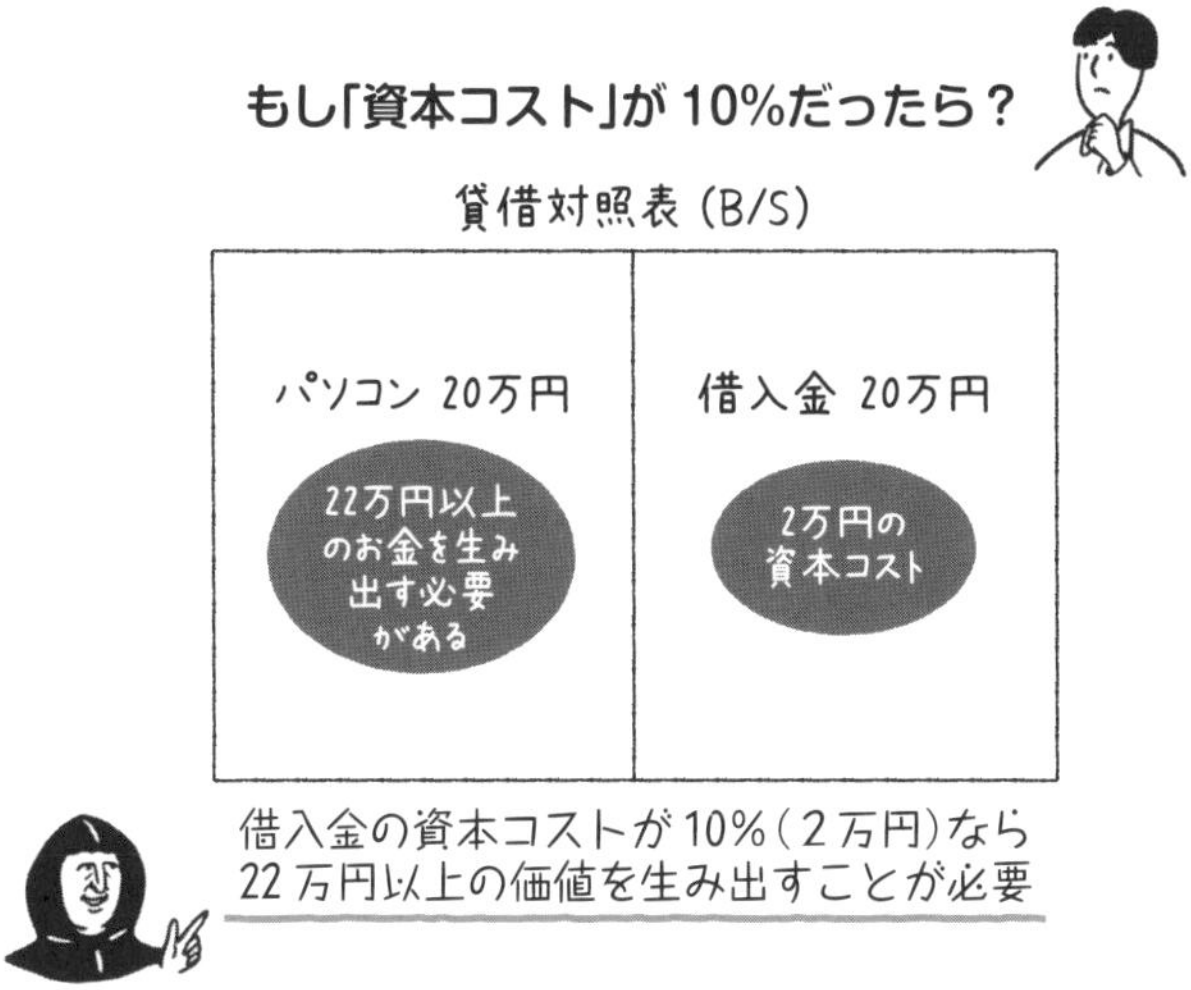
もし「資本コスト」が10%だったら？
貸借対照表（B/S）
パソコン 20万円
22万円以上のお金を生み出す必要がある
借入金 20万円
2万円の資本コスト
借入金の資本コストが10%（2万円）なら
22万円以上の価値を生み出すことが必要

言われてみれば、僕がふだんなにげなく使っているパソコンや机も、会社が集めたお金で買ったものだ。ということはそのお金にかかっているコスト以上のお金を生み出す必要がある。当たり前のことなのに、そんなことを意識したことはこれまでなかった。

「つまりな、ほとんどの人間は、**物事を一面しか見ていない**っちゅうことや」

「一面だけ？」

「おまえも会計を勉強したことがあるなら、会社の**備品**[*18]が資産の部に計上される

＊18　パソコンや机などの資産は、資産の部に備品として計上される。ただし会社の規模と金額によっては消耗品費として損益計算書に計上される場合もある。

ことは知っとるな。それくらいは簿記3級を持ってる人間なら誰でも知っとる。でもその備品を、ただ資産としてしか見ていないんや」

「備品は資産である以外に、他の面があるということですか？」

「そうや。備品があるということは、その備品を買うためのお金をなにかしらの方法で調達しとる。ということはそのお金プラス資本コスト以上のお金をその備品は生み出す必要がある、ということや」

「そんなこと考えたこともありませんでした」

「つまり、**資産の部に計上されている資産の金額はどれも、少なくともそれ以上のお金が生み出される、ということも意味しとる**んやな」


資産の部に計上されている備品にそんな意味があったなんて。僕は本当に一面しか見ていなかった。

■会計は「つまらない」ものではなく「美しい」もの

「会計っちゅうのはこのように、一面だけではなく複数の面から見ることが特徴

やな。1つの取引をつねに原因と結果の2つの面から見て、その両方を記録する。[*19]
だから**複式簿記**っちゅうんや」

「なるほど！ それは知らなかったです」

「**この物事をつねに複数の面から見る複眼思考が、会計のエッセンスっちゅうか、会計の美しいところやな**」

パチョーリはそう言いながら悦に入っていた。

「会計が美しい。そんなこと思ったこともありませんでした」

「そうや、こんなに美しい体系はないぞ。せやのにほとんどの人間は、会計をつまらない無機質なものだと思うとる。なんてもったいない。ワシがここに来たのは、その会計の美しさや奥深さを伝えたいというのもあるんや」

＊19 これに対して、単にお金の増減だけに着目する家計簿のような記録の仕方を単式簿記という。複式簿記の仕組みを初めて書物としてまとめたのがルカ・パチョーリ。

そうだったのか。そんな使命感を持っていたとは。さすが近代会計の父と呼ばれるだけある。

「おまえ、ワシのこと見直したやろ。さすが近代会計の父と思うたやろ」

「は、はい」

自分で言わなければいいのに、でもそれもまたパチョーリのかわいいところか。

「このように、お金にコストがかかっているからこそ、その資本コスト以上にお金を増やさなあかん。その責任を自覚することが大切なんや」

「資本コスト以上にお金を増やす責任。それが会計リテラシーってことなんですね」

「一番のベースはそこやな。そこがわかってなければ、どれだけ簿記を学んでも、勘定科目を覚えても、仕訳ができるようになっても、仕事や人生に活かすことはできへん」

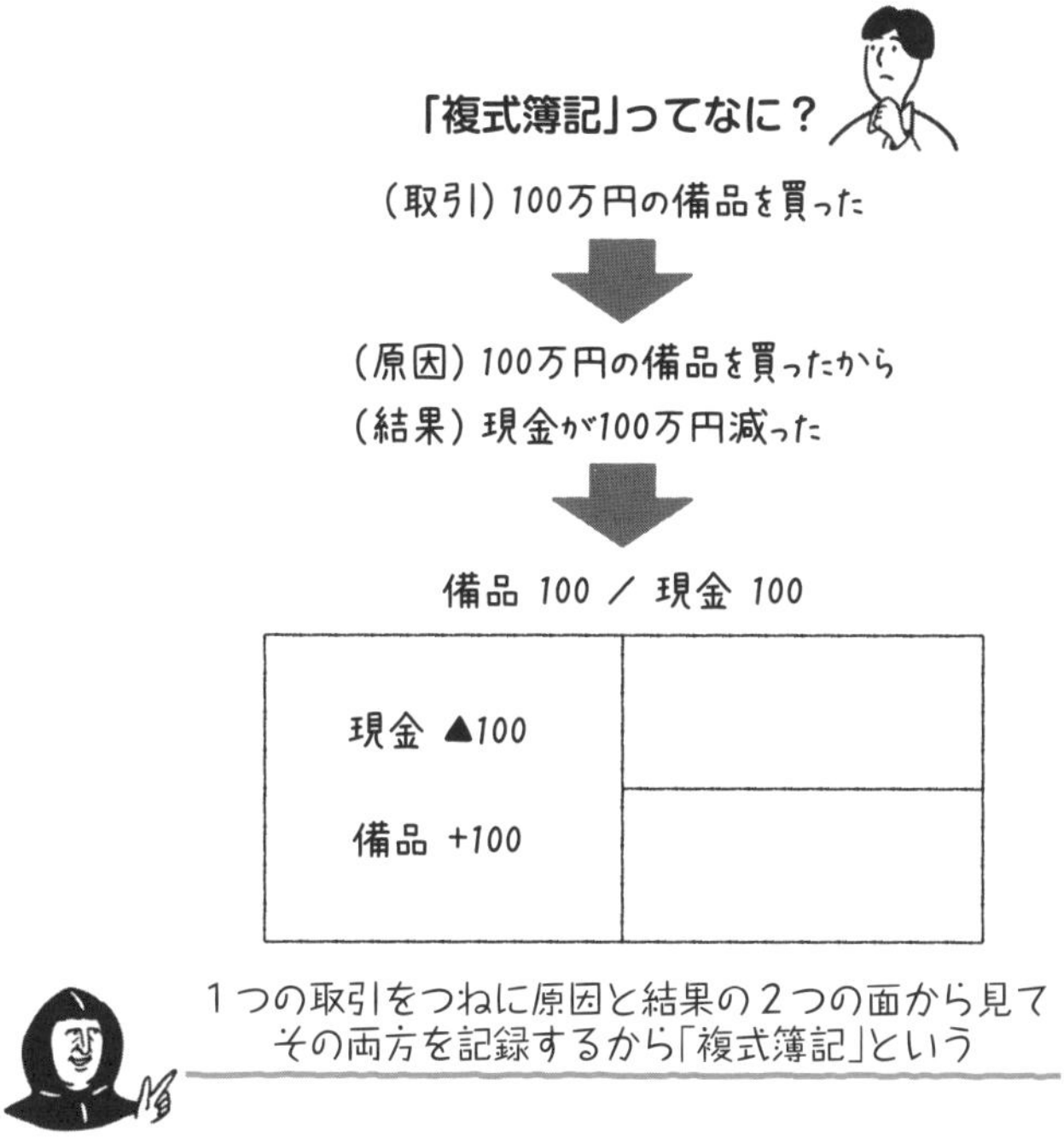
「複式簿記」ってなに？
（取引）100万円の備品を買った
（原因）100万円の備品を買ったから
（結果）現金が100万円減った
備品 100 ／ 現金 100
現金 ▲100
備品 +100
１つの取引をつねに原因と結果の２つの面から見て
その両方を記録するから「複式簿記」という

僕は一応大学で会計を学んだが、資本コスト以上にお金を増やす責任という考え方は初めて聞いたように思う。

「おまえ、今日『給料が見合わない』って嘆いてたやろ。営業でこれだけ稼いでるんやからもっと給料が高くてもいいと思ったやろ」

「はい、でもお金にコストがかかっていると思ったら、見方が変わる気がします」

「その通りや。さっきも言

うたけど、おまえには給料だけじゃなく、社会保険料も、備品も、オフィスのスペースも、光熱費も、教育費も、採用費も、バックオフィスの費用もかかっとる。それらはすべて会社が調達したお金から払われていて、そのお金にはコストがかかっとるんや。だからその資本コスト以上におまえはお金を増やす責任があるっちゅうことや」

「そんなこと、考えたこともありませんでした。だから小林さんは、僕に会計リテラシーがないって言ったんですね」

「せやな。その責任を自覚したうえで、お金の流れをイメージして、お金をどのように増やしていくのかを意識することが大事や。こうした考え方のセンスが会計リテラシーやな」

なるほど、この視点を持てば、仕事への姿勢も変わる気がする。

「そんなセンスが身についたら、もっと仕事はうまくいくと思います」

「その通りや。こうしたセンスを持っていれば、決算書もただの数字の羅列じゃなく生きた数字として読めるし、仕事に取り組む姿勢や出す結果も変わるし、仕事だけやなく人生の中でのお金の使い方やお金の増やし方も変わってくる。だから会計リテラシーを身につければ、仕事も人生も変わるんや」

人生も変わる？　仕事が変わるのはわかるけど、会計リテラシーは人生にまで影響するものなのか？

「会計リテラシーを身につけると、仕事だけじゃなく人生も変わるんですか？」

「そらそうや。いまおまえ、お金に困っとるやろ。それは会計リテラシーがないからや。会計の知識はあるのに、それを人生に活かせてないってことやな」

「そうなんです。本当にお金がカツカツで。それも会計リテラシーを身につければ解決できるということですか？」

「まあそれはおいおい説明していくわ」

「お願いします！」

「まとめると、会計リテラシーっちゅうのは、

① お金にはコストがかかっていることを意識していること

②資本コスト以上にお金を増やす責任を自覚していること
③レバレッジを活用すること
④お金の流れをイメージできていること
⑤お金を増やすための損益構造を理解していること

この5つやな。③④⑤についてはまた教えたるわ」

僕はパチョーリの言うことをノートにメモした。

「今日のところはこれくらいにしとこか。もう遅いし、今日はもう寝な」

ふと時計を見ると、夜中の3時を回っている。

「じゃあワシはもう寝るからな」

そう言うとパチョーリは、僕のベッドに入って眠り始めた。

「え、そこは……」

「おまえ客人をソファに寝させるつもりか？　ワシはここで寝る」

と言うより早く、パチョーリはイビキをかき始めた。これは果たして夢なのか現実なのか？　こんなにも貴重なことを学べたのだから、夢であっても構わない。でも夢だとしたら、この続きはもう学べないのだろうか。

もうゴチャゴチャ考えるのはやめた。僕もソファで毛布をかぶって眠りについた。

第1章のポイント

最近は、金融リテラシーや、メディアリテラシーというように、「○○リテラシー」という用語が「その知識を理解し、活用し、応用する力」として使われることが多いと思います。

本書では会計リテラシーを、「会計の知識を仕事や人生に活かす力」として定義しています。

その中でもとくに大切なのが、**お金にコストがかかっているという自覚**です。あなたの給料や社会保険料、ふだんなにげなく使っているパソコンや机やオフィススペース、研修などの教育費や、あなたが入社するまでの会社説明会や面接などの採用費など、あなたにはじつに多額のお金がかかっています。

そしてそのお金はすべて、会社がどこかから調達してきたか、または売上によって増やしたもので、そのお金にはすべてコストがかかっています。

ということは、**仕事の中で使う資産とそれにかかる資本コスト以上にお金を増**

Point

やさなければ、会社として成り立たないということです。

これは経営者の立場にならなければなかなか実感できないことです。経営者でも、任期満了までを務め上げればいい大企業のサラリーマン経営者は、その実感は乏しいかもしれません。まして毎月安定的にお給料が振り込まれるサラリーマンで、この感覚を持っている人はほとんどいないと言ってもいいでしょう。

しかしこのセンス、会計リテラシーを持つことで、仕事の質は明らかに変わりますし、人生も変わっていきます。

ぜひこの会計リテラシー、考え方のセンスを身につけてみてください。

なお本書では、考え方のセンス、本質をお伝えする観点から、細かい説明は省略しています。たとえば厳密に言えば、株主資本と自己資本と純資産は同じではありません。会計の正確な基本知識については拙著『会計のことが面白いほどわかる本』（中経出版）をご参照ください。

第１章のまとめノート

■会計リテラシーとは

①お金にはコストがかかっていることを意識していること
②資本コスト以上にお金を増やす責任を自覚していること
③レバレッジを活用すること
④お金の流れをイメージできていること
⑤お金を増やすための損益構造を理解していること

会計リテラシーを身につければ、
仕事だけではなく、人生も変わる！

第2章

複利を活かして お金を増やす

「お金にかかっているコスト」を意識する

ヤバい、遅刻だ！

慌てて飛び起きると、パチョーリの姿はなかった。やっぱり夢だったか。それにしても妙にリアルな夢だったな。

そう思って机を見ると、ノートに

会計リテラシーとは

① お金にはコストがかかっていることを意識していること
② 資本コスト以上にお金を増やす責任を自覚していること
③ レバレッジを活用すること
④ お金の流れをイメージできていること
⑤ お金を増やすための損益構造を理解していること

と書かれていた。

え？　これはいったい？　寝ぼけて書いたのか⁇　あれは夢でなくて現実⁇　そんなことを考えている暇はない。急がないと遅刻だ。僕はノートをカバンに入れ、大急ぎで仕事に向かった。

幸い、乗り継ぎがうまくいき、ギリギリ遅刻せずに済んだ。僕は席につき、いつものようにパソコンのスイッチを入れた。

「お金にコストがかかっている、か」

そう思って周りを見渡してみると、目の前のパソコンも、机も、椅子も、ノートも、オフィスも、すべて会社のお金で買ったり借りたりしたもので、そのお金にはコストがかかっていることに気づく。僕はそんな当たり前のことさえ意識していなかった。

新鮮な気持ちで見回していたら、小林さんと目が合ってしまった。慌てて目をそらしたが、明らかに挙動不審だ。どうしようかと思ったが、僕は意を決して小林さんの机に向かった。

「小林さん、おはようございます。昨日はありがとうございました」

「だいぶ遅くまで飲んでいたみたいね」

そうだった。パチョーリの件ですっかり忘れていたが、昨晩は遅くまでカラオケに行ったんだった。

「あ、あの、昨日小林さんに会計リテラシーのことを伺って、ちょっと気づいたことがあるんです」

昨日のことは夢なのか現実なのかわからないが、とにかく自分が学んだことをシェアしたくなった。

「僕には、お金にコストがかかっているという発想が欠けていたと思います。昨日は給料が見合わないって文句を言いましたが、給料だけでなく本当にさまざまなものにお金がかかっていて、そのお金にコストがかかっていることを想像したら、いまの営業成績では全然足りないことがわかりました」

「すごい！　いいところに気づいたわね」

　思いがけずほめられて、僕は動揺した。こんなに小林さんにほめられたのは初めてだ。


「はい、今朝出社してみて、改めて僕の給料やオフィス空間やパソコンや、あらゆるものにお金がかかっていることに気づいたんです」

「その通りね。その意識で仕事をするのとそうでないのとでは、全然違うわよ」

「はい、そんな気がします」

「あ、もうこんな時間。部長に呼ばれてたの。じゃあ今日もがんばってね」

「はい！　ありがとうございます！」

　僕は気分をよくして今日の営業の準備に取りかかった。

いつもルーティンのように回している営業の準備だが、こうしている時間にもお金は発生していて、そのお金にコストがかかっていると思うと、少しでも生産的な時間にしようという意識になった。

商談でも、いつもよりも充実した時間になった気がする。明らかに仕事への意識が変わったように思う。

■ポイント2倍でもリボ払いは「悪魔の商法」

仕事を終えて帰宅し、いい気分で自宅のポストを開けると、クレジットカードの明細書が届いていた。僕は、このクレジットカードの明細書を見るのが憂鬱だった。なにしろリボ払いの残額が全然減らない。

主任に昇進して給料が少し増えたことに気をよくして、自分へのお祝いに50万円のブランド物の高級時計をリボ払いで買ったのだ。もう半年くらい払い続けているのに、ほとんど残額が減らない。これはいったい、いつになったら返し終えるのだろう。

部屋に戻ると、誰もいない。やはりあれは夢だったのだろうか。

「あーあ、ちょっと奮発しすぎたかな」

僕はため息をついて明細書を机の上に放り投げ、ベッドに寝転んで腕時計を見つめた。

「おまえなあ、リボ払いで買い物するなんて、ホンマに会計リテラシーがないな」

「えっ」

振り返ると、パチョーリがテーブルに座って、あきれた顔でお茶を飲んでいた。いつの間に現れたのか。やはりあれは夢ではなかったということか。

「あ、パチョーリさん、どこから入ってこられたのですか？」

「まあそんな細かいことはええやんか」

細かいことではない気がするが、でもパチョーリに再会できたことを喜んでいる自分がいた。

「それよりおまえ、昨日教えた会計リテラシーの観点から、リボ払いについて考えてみい」
「は、はい。えーと、お金にはコストがかかっていて、資本コスト以上にお金を増やす責任があるということですよね。これって会社についてのことではないのでしょうか？」
「昨日も言ったように、会計リテラシーっちゅうのは、仕事だけやなく、人生においても役立つもんや。おまえ自身のB／SとP／Lをイメージして考えてみな」

自分のB／SとP／Lか。考えたこともなかった。

「お金にはコストがかかってる。このリボ払いの金利が、そのお金を集めるためのコストっていうことですね」
「せやな。で、リボ払いの金利はなんぼや？」

僕は明細書をチェックした。15・0％と書いてある。こんなに高かったのか。

「15％です」

「15％。そりゃもうサラ金と同じや。**リボ払いは悪魔の商法**やな」

「悪魔の商法……。でもリボ払いにするとポイントが２倍になるし……。たまったポイントで商品券ももらえたんですよ」

「アホか。**ポイントなんかに惑わされるな。そんなポイントをはるかに上回るほど金利が高すぎるんや**」

たしかにそうだ。金利がそんなに高いのであれば、ポイント交換でもらった商品券など気休めにしかならないのかもしれない。

「そうですよね。なかなか元本が減らなくて、大変なんです」

「15％の高金利でお金を集めたのであれば、その金利を上回るだけのお金を生み出さなあかん。それが会計リテラシーの基本やったな」

「はい、その通りです……」

僕はうなだれた。15％の高金利でお金を集めたなら、それ以上にお金を増やさなければ、どんどんマイナスになってしまう。

「個人は会社と違うからな、つねにお金を増やすことばかり考える必要はあらへん。自分の趣味や楽しみのためにお金を使うのもなんら問題はない」

「そうですよね。この時計、ひと目惚れしてしまって、本当は別のもう少し安い時計を買うはずだったんですけど、店員さんにもすごく勧められて、リボ払いなら給料の範囲内で返せると思って、つい買っちゃったんです」

「まあ自分のお金をなにに使おうと自由やけどな。もしおまえが会計リテラシーをちゃんと理解して自分の人生にも活かしてたら、リボ払いでその時計を買ったと思うか？」

そう言われるとぐうの音も出ない。僕はリボ払いが負債であることも明確に認識していなかったし、その調達コストが非常に高いこともわかっていなかったし、高金利で調達したお金で買うのであれば、調達コストを上回るお金を生み出すものでなければいけないことも理解していなかった。

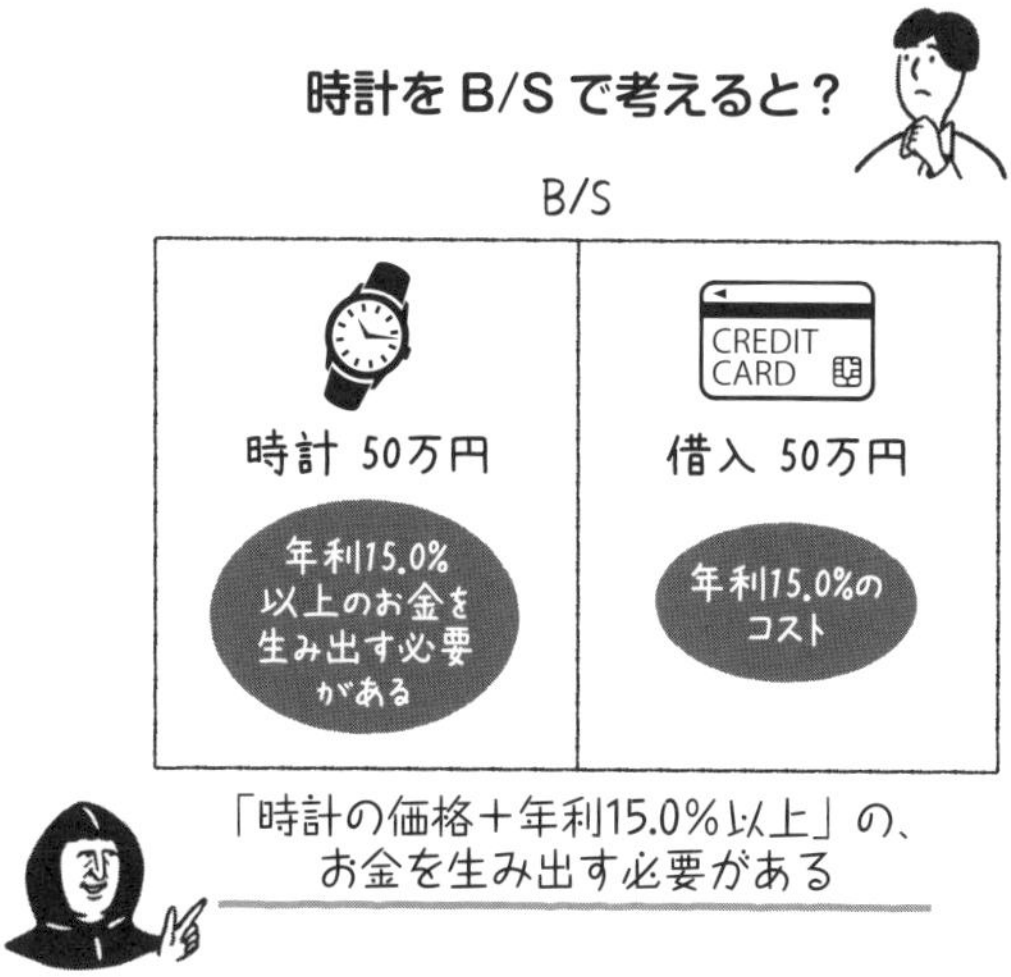
時計をB/Sで考えると？
B/S
CREDIT CARD
時計 50万円
年利15.0%以上のお金を生み出す必要がある
借入 50万円
年利15.0%のコスト
「時計の価格＋年利15.0%以上」の、お金を生み出す必要がある

「おまえ、その時計を買ったあと、彼女と別れたやろ」

「えっ、どうして知ってるんですか？」

「なんでもお見通しや。あの子はな、おまえがリボ払いで高級時計を買うのを見て、将来に不安を感じて別れたんや。おまえにはそのことを伝えてへんけどな」


そうだったのか。言われてみれば、この時計を買ってから、彼女の態度が少しずつよそよそしくなって、他に好きな人ができたわけでもないのに向こうから別れを切り出されたのだ。僕に会計リテラシーが欠けていたことが原因だったのか。

■「自分のB／SとP／L」をつくってみる

「それにおまえ、いま負債がいくらあるかも把握してないやろ」

「は、はい。把握してないです」

「『自分のB／SとP／L』を作成して、いまどれくらいの資産があり、負債があるのか、一度明らかにしてみたらええ。驚愕の結果になるぞ」


パチョーリの言う通り、僕は自分の資産も負債もまったく把握していなかった。これでは会計リテラシーがないと言われても仕方ない。


「じゃあ早速、いまわかる範囲でB／SとP／Lをつくってみようか」

「え、いまですか？」

「そらそうや、あとでやっとけ言うてもやらんやろ。**成功者っちゅうのはすぐやる人**や。だいたい、学んだことを実践する人間は1割と言われとる。その実践する人間の中で、実践し続ける人間はさらに1割、つまり全体の1％しかおらんのや」

その通りかもしれない。よし、面倒だけどチャレンジしてみよう。

「まずB／Sの資産やけど、現預金はいくらある？」

「現預金ですか。えーと……」

「財布の中にはいくら入っとるんや？」

「ちょっと待ってください」

僕は財布の中のお金を数えた。

「3731円です」

「おまえ社会人やろ。キャッシュレスの時代やからと言っても、せめて1万円は持っとき」

「は、はい」

「預金はどうや？」

僕はスマホで預金残高をチェックした。

「12万3696円です」

「じゃあその合計額をB／Sの現金預金に書き込んでな」

僕は電卓で合計した12万7427円をノートに記入した。自分がいまこの瞬間にいくらの現預金を持っているかを把握したのは、初めてかもしれない。

預金はどれくらい持てばいいか？

「あの、基本的な質問ですけど、**預金**[*20]はどれくらいあればいいんでしょうか？」

「預金な。いまの金利は低すぎて問題なんやけど、**収入の2か月から3か月分くらいあるとええな**」

「2～3か月分。全然足りないですね」

「そのためにも、まず**収入の最低でも10％は預金する**ことや。これは給料日に自動的に別口座に引き落とされるように設定して、**なにがあっても手をつけないと**

決めることが大事や」

「なにがあっても手をつけない……」

「せや。お金が余ったら預金しようとか、なんか買いたくなったら預金を切り崩せばいいとか、そんな考えでいたらいつまで経ってもお金は貯まらん。強制的に引き落として、そのお金は聖域として手をつけないと決めることや」

ただでさえお金がカツカツなのに、10％を預金して、そのお金に手をつけないなんてことをしたら、お金は回らなくなってしまうんじゃないだろうか？

「それはその通りだと思います。でも10％も預金したら、どう考えてもお金が足りなくなってしまうと思うのですが」

「それがな、信じられへんと思うけど、まず10％貯める、そのお金は使わない、と決めたら、無駄づかいが減ったり収入が増えたりして、不思議と帳尻は合うも

＊20　「預金」は、銀行や信用金庫、信用組合に預けたお金、「貯金」は、郵便局や農協などに預けたお金であり、合わせて「預貯金」という。

んや。だまされたと思ってやってみい」

本当だろうか。にわかには信じがたいが、パチョーリに言われると妙な説得力がある。

「**ボーナスとか臨時収入が入ったら、一部は好きなことに使うてもええけど、ほどほどにして半分は預金するとええな**」

「はい、そうですね。がんばります」

ボーナスの半分を預金するなんて考えたこともなかった。これだからお金に振り回されるのか。

「預金は収入の3か月以上貯める必要はあらへん。この3か月分の預金は、お金の不安に振り回されなくなるための、**安心を得るための預金**やからな。ホンマは**お金の不安なんて幻想**なんやけど、そうは言うてもお金の増減に振り回されるのが人間ちゅうもんやからな。3か月分の預金があれば、少しは不安も和らぐやろ」

「じゃあ3か月分貯まったらそのあとはどうするんですか？」

「**もっと利回りの高いものに投資して、お金を活かし、お金を増やしていくんや。**預金しといてもお金はほとんど増えんからな。いま100万円を銀行に預けて利息がいくらもらえるか知っとるか？」

「えーと、たしかすごく少ないんですよね」

先日見たニュースでは、たしか0・01％とかそれくらいだったはずだ。100万円の0・01％だと、100円ということか？

「100円くらい、でしょうか？」

「せや。100万円預金して、税金引かれたら100円にもならん。ATM1回使ったら終わりや」

「それは切ないですね……」

「**お金っちゅうのはな、活かすもんや。**お金を活かして、お金を増やさなあかん」

「お金を活かす、ですか」

「せや。**お金っちゅうのは、うまく活かせばものすごい働きをするんやで。**それはなんも儲かる株に投資しろっちゅうだけやなくて、なにかを学んだり体験したり、なにかを生み出したり、人助けをしたりして、世の中全体の幸せを増やすためにお金を使うっちゅうことや。必要以上の額のお金を預貯金のまま眠らせとくのは、おまえが自分の意思でお金を活かさずに、お金を死なせとくのと同じなんやで」

パチョーリは熱弁したが、僕はいまひとつイメージが湧かなかった。預金は多いほどいいと思うのだが、そうではないのだろうか。

「でも預金があれば、将来安心ですよね。老後のためにもなるべく多く預金したほうがいいと思うのですが」

「会計リテラシーの観点からすれば、**預貯金は死に金**や。いまジワジワと物価は上がっとるから、預貯金に置いておくだけで価値は目減りする。それよりも、いかにお金を活かし、お金を増やすかを考えるべきなんや。まあこの話はまたくわしくしたるわ」

自分の資産と負債を把握する

「次に負債やけど、いまのリボ払いの残額はいくらや？　クレジットカードの明細書に書いてあるはずや」

「はい、えーと、47万７２５６円です……。半年間、毎月返済しているのに、なかなか減らないんです」


僕はため息をついた。


「そらそうや。おまえのその時計、50万円くらいやったやろ。50万円の年利15・0％やから年７万５０００円も利息を払っとる。１か月あたり６２５０円や。じゃあ毎月の返済額はいくらや？」

「１万円です。ということは半分以上が金利ってことですね。１万円返済しているつもりが、実際には３０００円ちょっとしか元本は減ってない……」

「そういうことや。ポイントが2倍になったって喜んどる場合やないで。とにかく、負債の部に47万7256円と書き入れてな」

僕はそう言われ、ノートに記入した。

「で、その時計やけど、いまの時価を調べてみようか」

「え、時価ってわかるんですか？」

「正確にはわからんけど、メルカリやヤフオク！で出品されて成約に至ってれば、それがだいたいの時価やな。ちょっと調べてみい」

僕は手元のスマホでメルカリのアプリを開き、時計の名前と型番を入れてみた。

「あ、あった。えーと、新品同様で、21万円で成約になってますね。半額以下ですね……」

「まあそんなもんやろ。ブランド品はよほどレアなもの以外は買った瞬間に半値になるもんや。資産の部に21万円と書き入れてな」

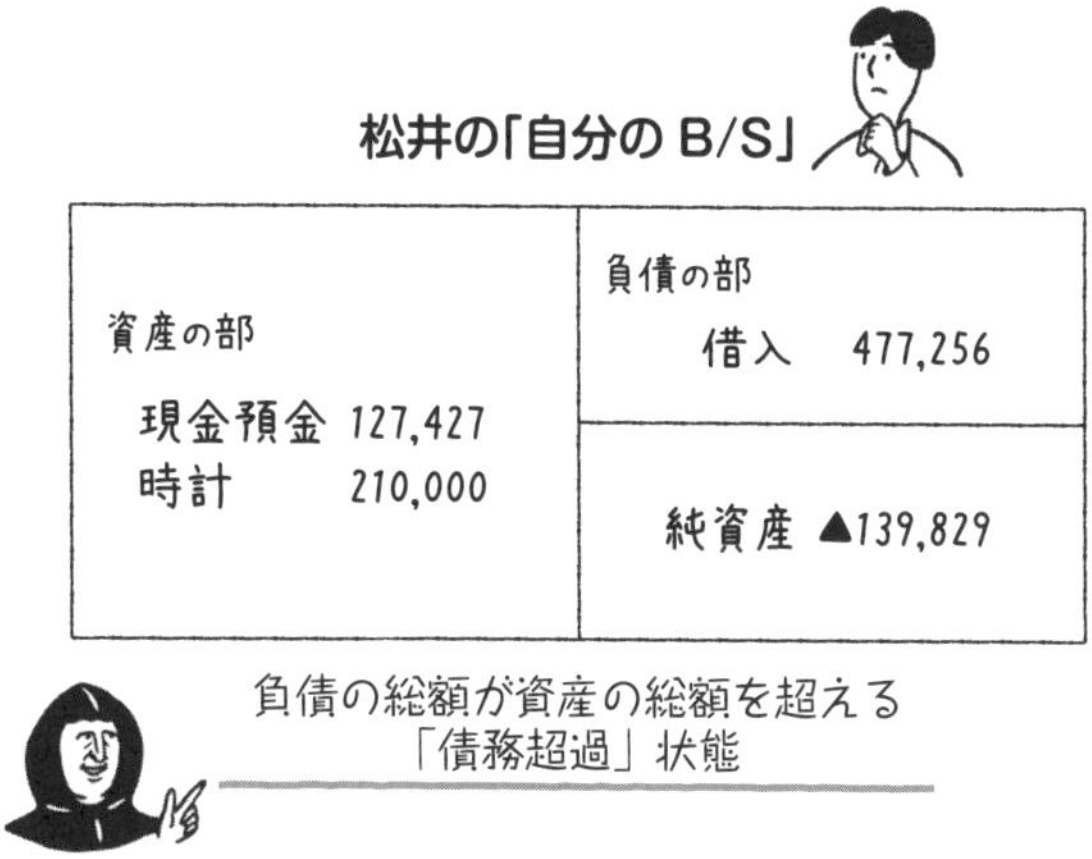

松井の「自分のB/S」
資産の部
現金預金 127,427
時計 210,000
負債の部
借入 477,256
純資産 ▲139,829
負債の総額が資産の総額を超える
「債務超過」状態

「他にもまだ資産や負債はあるかも知らんけど、ひとまずここまでのところで見ると、純資産はマイナスの13万９８２９円、**債務超過**[*21]っちゅうことやな」

「債務超過……」

会社なら倒産してもおかしくない状況だ。こうして改めて認識すると、危機感が半端ない。

「じゃあ次に損益やな。おまえの給料はなんぼや？」

「残業時間によって変わりますけど、いまは残業時間も規制されているので、だいたい手取り

＊21　負債の総額が資産の総額を超える状態。資産をすべて売却しても、負債を返済しきれない状態であるが、債務超過になったから倒産というわけではない。

で25万円です」

「今月の給料を正確に把握したほうがええ。通帳を見ればわかるやろ。あとは費用やな。家賃、水道光熱費、通信費、交通費、食事代、衣服代、保険料、あとリボ払いの利息も忘れんといてな」

僕はクレジットカードの明細書や、ネットバンクの通帳、取っておいたレシートから数字を抜き出し、レシートが残っていない出費についてはできるかぎり思い出して書き出してみた。

「あ……、計算してみたら、赤字ですね。毎月こんなにお金を使ってたなんて」

「毎月の赤字を、ボーナスで埋め合わせとるって感じやな。完全な自転車操業や」

「そうですね……」

だからいつもお金がカツカツだったのか。僕は自分の状況が丸裸にされたようで、恥ずかしくなった。

松井の「自分の P/L」

家賃	130,000	給料 246,337
水道光熱費	13,640	
通信費	25,309	
交通費	14,820	
食事代	57,839	
衣服代	12,800	損益 ▲27,659
保険料	13,500	
利息	6,088	

毎月の赤字をボーナスで埋め合わせる
「自転車操業」状態

「こんな状態になっているなんて、ショックです」

「そんなに落ち込むことはないで。ちゃんと現状を把握できたんやから、あとは改善策を考えればええだけや」

「はい。改善したいです」

現状はショックだが、現状を把握したことで改善したいという気持ちが湧いてきた。その意味では現状を直視できたのはよかったのかもしれない。

■２％の低利ローンで高級車ならＯＫ？

「おまえ、そんなカツカツな状況のくせに、この前ディーラーに外車見に行ったやろ」

「はい……。なんでもお見通しなんですね」

「で、新車買うつもりか？」

「まだ買うつもりはないですけど。でも金利２％でローンが組めるんですよ。２％なら問題ないですよね？」

リボ払いはよくなかった。金利15％は高すぎた。でも金利２％ならいいのではないだろうか？

「なんもわかっとらんな。その車は２％以上のお金を生み出すんか？」

「え……、いや、お金は生み出さないですね」

「せやろ。むしろ駐車場やガソリン、保険や車検などさまざまなコストがかかる。

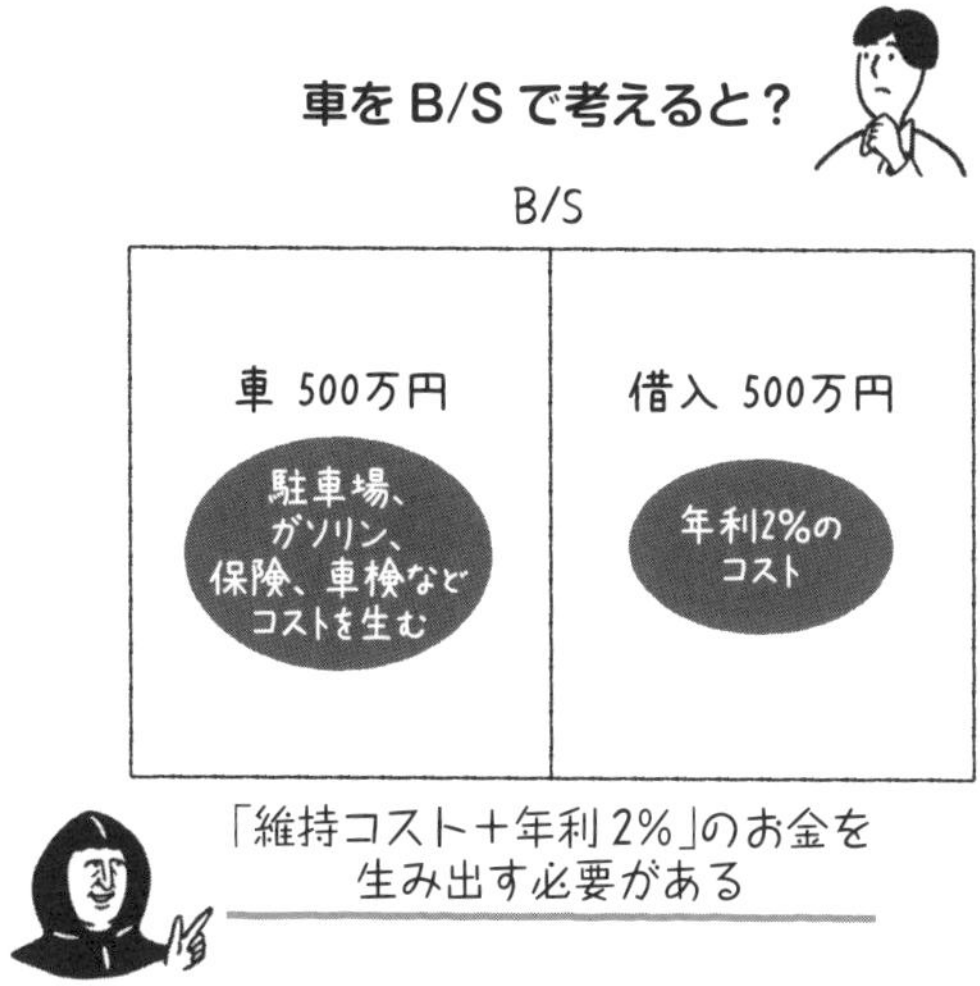
車をB/Sで考えると？
B/S
車 500万円
駐車場、ガソリン、保険、車検などコストを生む
借入 500万円
年利2%のコスト
「維持コスト＋年利2%」のお金を生み出す必要がある

そう考えると、ホンマに車が大好きで、その車を所有することが人生の喜びやというのでないかぎり、無理に見栄を張って高級車に乗る必要なんてないやろ」

そう言われると、僕はどうしてもその車が欲しいわけではなかった。というよりも、人からすごいと思われたい、人生がうまくいっていると思われたい、という欲求から外車を志向していたことに気づいた。

「まあ最近は**シェアリングエコノミー**[＊22]の

＊22　物・サービス・場所などを、他人と共有・交換して利用する社会的な仕組み。車を個人や会社で共有するカーシェアリングの仕組みを利用して、車を持たない人は駐車場やローンなどの負担なく車を利用でき、車を所有している個人は使用していない間に貸し出すことで収益を得られる。

時代やし、買った外車をシェアして収益を生み出すっちゅう方法もあるから一概には言えへんけどな。その辺は時代の流れに乗っとかんとな」

時代の流れか。パチョーリは、いつの時代の人間なんだろうか？

■家賃の節約になるからマイホームのローン購入はあり!?

「それじゃあ、ローンを組んでマイホームを買うのはどうなんですか？　マイホームもお金を生み出さないですよね」

「せやな。**会計リテラシーの観点からすると、ローンを組んでマイホームを買うのは、あまり賢いやり方とは言われへんで**」

「でもほら、この住宅のチラシを見てくださいよ」

僕はちょうどポストから取ってきた住宅のチラシをパチョーリの前に広げた。

「これを見ると、ローンの毎月の返済額が、いま払ってる家賃よりも安いんですよ。これなら家賃の節約になるから、ローンを組んで家を買うのもありなんじゃないですかね？」

お金を生み出さないとしても、家賃の節約になるなら、それは実質的にお金を生み出しているのと同じなはずだ。それならいいのではないか？

「よう見てみ。金利の下に小さな文字でなんて書いてある？」

「あ、『**変動金利**[*23]』って書いてあります」

パチョーリの指差した先には、ぱっと見では気づかない小さな文字で、「変動金利」と書いてあった。

「いまは低金利やからええけど、これから金利が上がったら、負担が一気に増え

＊23　返済の途中に、市場の金利に連動して金利や返済額が見直されるもの。将来金利が上昇した場合、返済負担が増えるリスクがある。一般的に5年に1回返済額が見直されるため、金利が上昇してもすぐに返済額が変わるわけではないが、元金の返済が進まなくなる。

てしまうで」

「なるほど。それは危険ですね。でもそれなら、『**固定金利**[*24]』なら大丈夫ってことですか？」

「まあそれは条件によるな。よほどいい立地でないかぎり、すぐに資産価値は半値になるからな。『自分のB／S』をイメージしたら、買った直後に損失を抱えて債務超過になるんやで。ワシはとても買えへんわ」

「でも老後のことを考えると、賃貸よりも持ち家のほうがいいですよね」

「まあ住宅ローンを定年までに完済できて、いまの会社でずっと働き続けて、かつリストラされたり給料が下がったりする心配がないなら、それもありやけどな。けど独立起業したいとか、ベンチャーでがんばってみたいとか、そんなときに住宅ローンは足かせになる。そうやって自由を制限されて何十年かあとにローンを完済して老後を迎えても、タダで住めるわけやなくて、固定資産税はかかるし、建物も老朽化して数百万円単位で修繕費もかかるんやで」


いまの会社にずっとしがみつくのか。それは想像できないし、そもそも給料が下がらない保証はどこにもない。

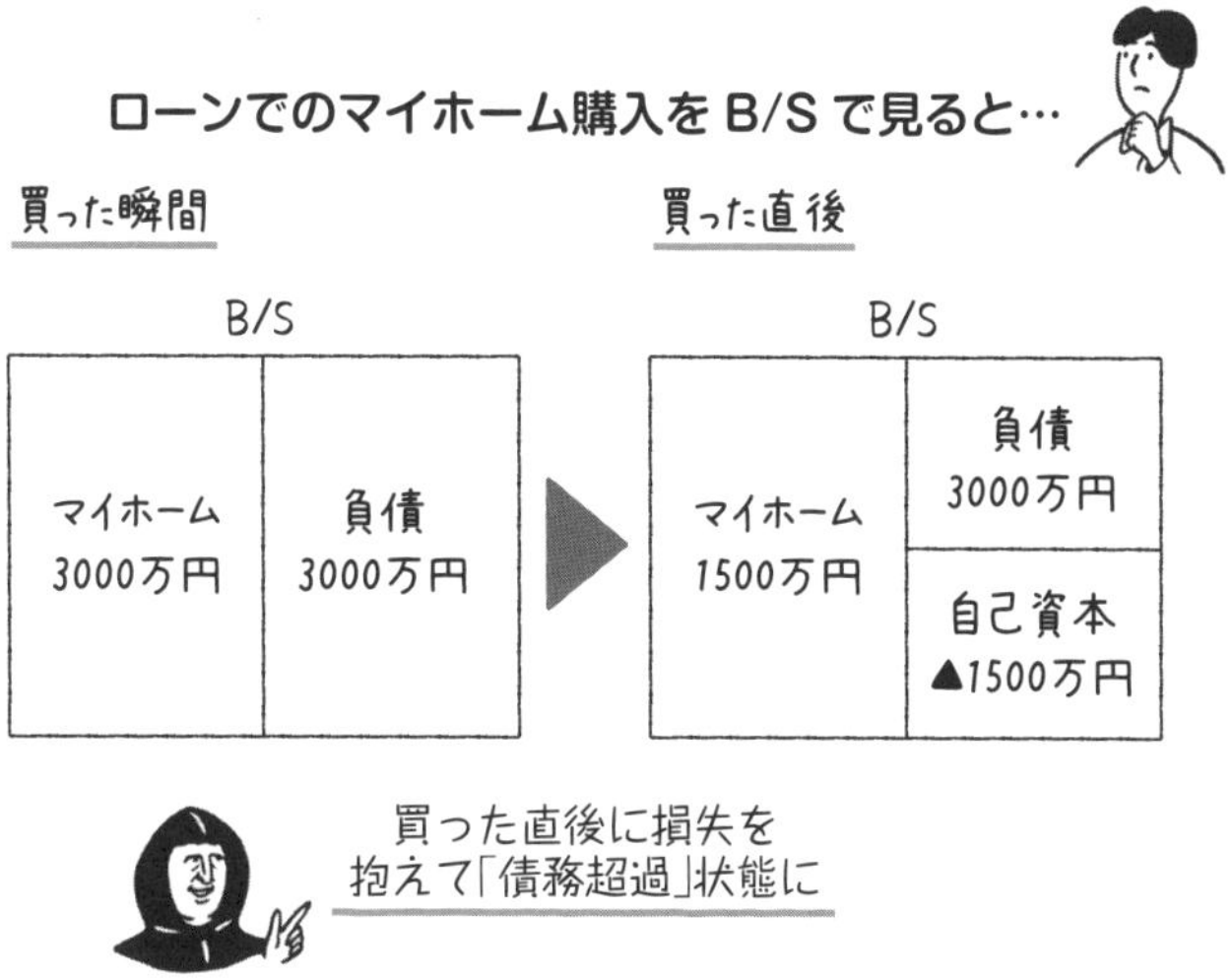

「それよりは、いまのうちから給料以外の収入の手段をいくつもつくって、老後も収入が途絶えないようにするほうがよほど現実的やし、それができれば会社にしがみつく必要もなくなって、ずっと自由になるで」

「給料以外の収入の手段ですか。それが可能ならつくりたいです」

「それはまたあとで説明してやるわ。とにかくマイホームを買うことの一番のリスクは、自由を奪われることやな。ローンが重荷になって、給料が下がる選択ができなくなってしまうんや。それだけやなく、場所が固定されて、移動も制限さ

＊24　市場の金利にかかわらず金利が固定されているもの。

れる。おまえまだ20代やろ。独身のときと、夫婦2人のときと、子どもができたときと、子どもが独立したあと、それぞれ必要なスペースも設備も変わってくるやろうし、近隣トラブルとか環境も変化するかもしれんし、住みたい場所も変わるかもしれへんのに、それができなくなるっちゅうことやで」

　自由を奪われるリスクか。それは避けたい。

「でも別の場所に住みたくなったら、貸したり売ったりすればいいんじゃないですか？」

「よほど好立地ですぐに借り手や買い手がつくような物件ならともかく、これから住宅の3分の1が空き家になる時代[*25]に、借り手や買い手はそう簡単にはつかん。そうなるともうその家から一生離れられへんよ」

「そうなんですね。それならどうしてみんなマイホームを買おうとするんでしょうか？」

「マイホームを買うことが人生のゴールみたいに思い込まされとるからやな。まあ本当に欲しいなら止めへんけど、**マイホームを買うのが一人前だ、みたいなお**

かしな常識にとらわれる必要はないっちゅうことや」

「それも会計リテラシーなのでしょうか？」

「マイホームは、会計的に見れば買った直後に資産価値は下がって負債だけ増えるようなものやからな。そのマイホームを持つことが本人にとってめっちゃ幸せならそれでもええけど、そうやないなら、ローン組んで買うのはまあ得策とは言えんな」

本当にその通りだ。会計リテラシーを持つことで、世間の常識に振り回されなくなるのかもしれない。

「株式投資＝ギャンブル」は思い込み

「つまりな、さっきも言うたけど、お金は活かすものなんや。**お金はうまく活かせばいくらでも新たな価値を生み出し、新たなお金を生み出すもの**なのに、その

＊25　野村総合研究所の試算によれば、２０３３年に約3軒に1軒が空き家になると予測されている。

お金の活かし方をわかっとらん奴が多い。世の中の常識を鵜呑みにしたり、人の評価を気にしたりして、本当に自分を幸せにするわけではないものや、お金を生み出さないものに、お金を浪費してしまうんや」

「お金を活かすと、新たなお金を生み出せるんですか？」

「そうや。**お金に働いてもらう**っちゅうことやな」

お金に働いてもらう。そんな発想はしたことがなかった。

「どうしたらお金に働いてもらえるんでしょうか？」

「いろいろあるけどな、株式投資なんかも1つの方法やで」

「株ですか。うーん、やっぱり株ってギャンブルみたいなものだと思うんですよね。ちょっとリスクが大きいというか」

「おまえ、投資と**投機**[*26]を勘違いしとるな」

投資と投機？　なにが違うのだろうか？

「投資は、将来有望な投資先に長期的にお金を投下することや。これに対して、投機は、短期的な価格変動にかけてお金を投下すること、要はギャンブルやな。**長期保有であれば、毎日の株価変動なんて気にすることはあらへん。**株価の変動で勝った負けたなんて言うとるのは、本当の意味では株式投資とは言えんのや」

「そうだったのですね。株式投資をしたら、ずっと株価に一喜一憂し続けるのかと思っていました」

「株式投資はギャンブルやない。応援したい会社の株価が本来の価値よりも安くなっているときに買って、会社が成長していくのを気長に待っとけば、黙っとったって儲かる。**ウォーレン・バフェット**[*27]君なんて超長期投資や。一度買った株は何十年と持ち続けるんやで。バフェット君のことは知っとるか？」

「はい、名前は聞いたことがあります」

＊26　短期的な価格変動を狙って利益を得ようとする行為。将来有望な投資先に長期的に資金を投下する投資とは異なり、ギャンブルに近い。

＊27　世界一の投資家と呼ばれる。世界最大の投資持株会社であるバークシャー・ハサウェイの筆頭株主であり会長兼ＣＥＯ。推定10兆円の純資産を持つが、質素で控えめな生活を送っている。世界でもっとも慈善事業に貢献している１人で、その資産の大部分を寄付している。

「彼に投資を教えたのもワシや。素直で真面目な奴やったからどんどん成功していったな。でもぜいたくはせず質素な生活を続けている。賢い奴や」

そ、そうなのか。パチョーリはいったい何者なのか？　でも僕もパチョーリの言うことを実践すれば、一流の投資家になれるかもしれない。

「**デイトレード**[*28]で稼いどる奴もおるけど、あれこそギャンブルや。借金して**信用取引**[*29]して短期の売買で儲けようとするから、投機になって大損を被るんや。**株式投資するには、会社を見る目、事業を見る目、時代を見る目が必要**なんやからな。**自分が取れるリスクの範囲で株式投資するのは、めっちゃ勉強になるからお勧めやで**」

「自分で選ぶことが大切なんですね」

「せや。正直言うて、金融機関の営業マンは自社に都合のいい商品を勧めるから[*30]な。**投資はすべて自己責任**や。もちろん人生もすべて自己責任やな。人のせいにしているかぎり成功はできんし幸せにもなれん。自分で調べ、自分の頭で考えることが大切なんや」

パチョーリの言うことは、会計にとどまらず人生にも当てはまる。だからこそ会計リテラシーが人生に役立つのだろう。

「わかりました。僕も自分で投資先を選んで応援したい会社に投資してみます。でも結構難しそうですよね」

「**初めのうちは積立投資**[*31]**でもええ。**毎月決まった日に**日経平均やS&P**[*32]などに連

＊28　おもに株式・債券取引や外国為替証拠金取引（FX）、商品先物取引、差金決済取引、株価指数先物取引など市場流動性の高い取引を日々繰り返す方法。
＊29　金融取引において金融商品購入の資金を証券会社より借り入れて売買を行う投資手法のこと。借入れにより手元資金よりも多くの投資をして高い利回りを狙う行為。成功すれば利益は大きいが、失敗すれば損失が大きくなり借金を抱えてしまう。
＊30　2017年4月、当時の森金融庁長官が、「これまでの売れ筋商品の例を見ても、ダブルデッカーなどのテーマ型で複雑な投信が多く、長期保有に適さないものがほとんどです。こうした投信は、おのずと売買の回転率が高くなり、そのたびに販売手数料が金融機関に入る仕組みになっています。このような、我が国において一般的に行われている投信の組成・販売の仕組みは、顧客の資産形成にいかなる効果があったでしょうか？」と指摘している。
＊31　同一の金融商品、たとえば投資信託を毎月一定額決まった日に買い付けていく方法。
＊32　日経平均株価は、日本の株式市場の代表的な株価指標の１つ。単に日経平均や日経225とも呼ばれる。S&Pは、アメリカの代表的な株価指数。米国市場に上場している銘柄から代表的な500銘柄を選ぶS&P500などがある。

動する**投資信託**[*33]を購入していく、**ドル・コスト平均法**[*34]ってやつや。毎月1万円積立投資するだけでも、経済の動向に敏感になるやろ」

「わかりました。早速月1万円から投資してみます」

「そのためにも、いまは赤字なんやから、無駄な支出を見直して投資資金を捻出する必要があるな。収入の10％は預金して、さらに月1万円を積立投資するとええ。そんで、預金が収入の2～3か月貯まったら、積立投資は継続しながらいままで預金に回してたお金を他の投資に回すんや」

「なるほど。そうすれば預金も積立投資も確実に増えていきますね」

「積立投資するなら、手数料が安いところを選んだほうがええ。有名な大手よりも、ネット証券がオススメや。これも先延ばしせんと、いまネットで口座開設するとええで」

　僕は早速スマホで検索し、手数料が安くて使い勝手がよさそうなネット証券を選んで口座開設を申し込んだ。まずは堅実な投資からスタートするぞ。

■「複利のパワー」を最大限に活用する

「投資するなら**毎月分配型**[*35]じゃなくて、**再投資型**[*36]にしいや。まだ若いんやし、**複利**[*37]のパワーを最大限に活かしたほうがええ」

「複利のパワー？　複利ってなんでしょうか？」

「おまえな、絶対大学で習っとるはずやで。複利はもう魔法やぞ。**世界の富裕層は複利の魔法を使ってお金を増やしとる**んや。複利を知らんと投資なんてできへんで」

＊33　投資家から預かったお金をまとめて、資産運用の専門家であるファンドマネージャーが運用する金融商品。

＊34　株式や投資信託などの金融商品の投資手法の1つで、「定額購入法」ともいう。金融商品を購入する場合、一度に購入せず、資金を分割して均等額ずつ定期的に継続して投資する。

＊35　1か月ごとに決算を行い、収益等の一部を収益分配金（分配金）として受け取れる投資信託。

＊36　収益分配金（分配金）を受け取らずに再投資する投資信託。

＊37　元金によって生じた利子を次期の元金に組み入れる方式。元金だけでなく利子にも次期の利子がつくため、各期の利子が次第に増加していく。

うーん、聞いた覚えはあるけど、どんな意味だっただろうか。複利は魔法ってそんなにすごいものなのか？

「複利っちゅうのは、投資で得られた利益も元本に含めてそのまま運用する方法や。再投資型が複利やな。それに対して単利っちゅうのは、投資で得られた利益は引き出して、元本だけを運用する方法や。日本人は、単利の毎月分配型を好む人間が少なくない。毎月少しでも配当があったほうがうれしいんやな」

「僕も、もらえるなら毎月配当があったほうがうれしいです」

パチョーリは大きくため息をついた。

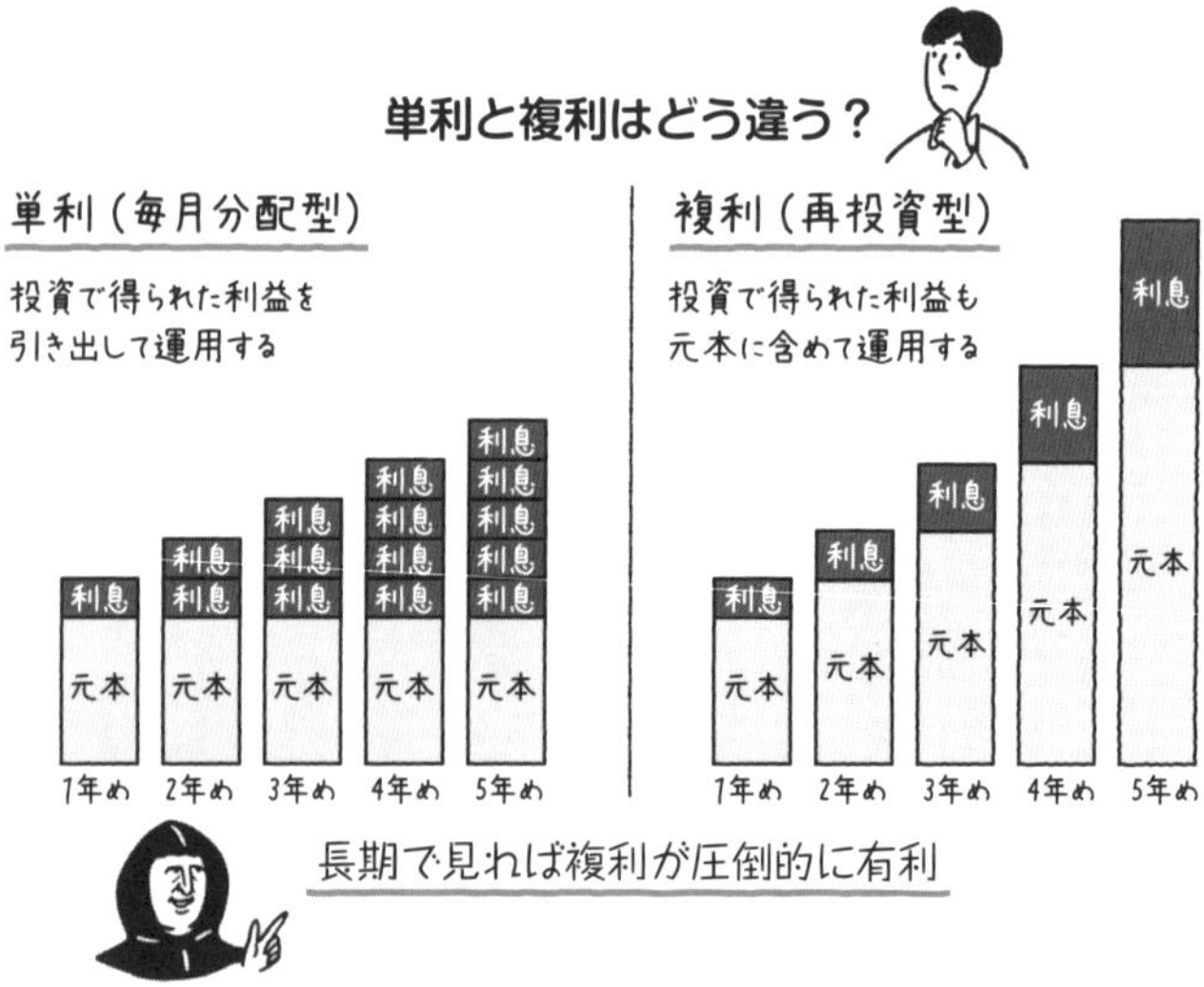

単利と複利はどう違う？
単利（毎月分配型）
投資で得られた利益を
引き出して運用する
利息
元本
1年め
2年め
3年め
4年め
5年め
複利（再投資型）
投資で得られた利益も
元本に含めて運用する
長期で見れば複利が圧倒的に有利

「まあその気持ちはわかるけどな、**投資の妙味は複利**やで。**長期で見たら、もう圧倒的に結果が違う**からな」

「そんなに違うんですか？」

「じゃあ仮に、１００万円投資して、年利10％で運用すると仮定してみようか」


パチョーリは電卓を片手にノートに数字を書き始めた。


「単利の場合は、１年めは１１０万円。２年めも元本は１００万円のままやから利息は変わらず10万円で、１年めと合わせると１２０万円。３年めも元本は１００万円やから合わせると１３０万円、というように10万円ずつ増えていくな」

「そうですね。利回り10％ならそうなりますね」

「ところがや。複利の場合は、１年めは１１０万円で変わらんけど、２年めの元本は１１０万円に増えとるから利息は11万円で、１年めと合わせると１２１万円になる。３年めは元本は１２１万円やから、利息は12・１万円で、合わせると１３３・１万円になるんや」

「たしかに複利のほうが多いですけど、１３０万円と１３３・１万円では、そんなにたいした差ではないですね。これのどこが魔法なんですか？」

「そう思うやろ。複利のすごさは、投資期間が長くなるほど歴然とするんや。細かい計算は省くけどな、10年後には、単利では２００万円、複利では約２５９万円。20年後には、単利では３００万円、複利では約６７３万円、30年後には、単利では４００万円、複利ではなんと約１７４５万円[*38]になるんやで」

「１７４５万円!?　４倍以上も違いますね。これはすごい」

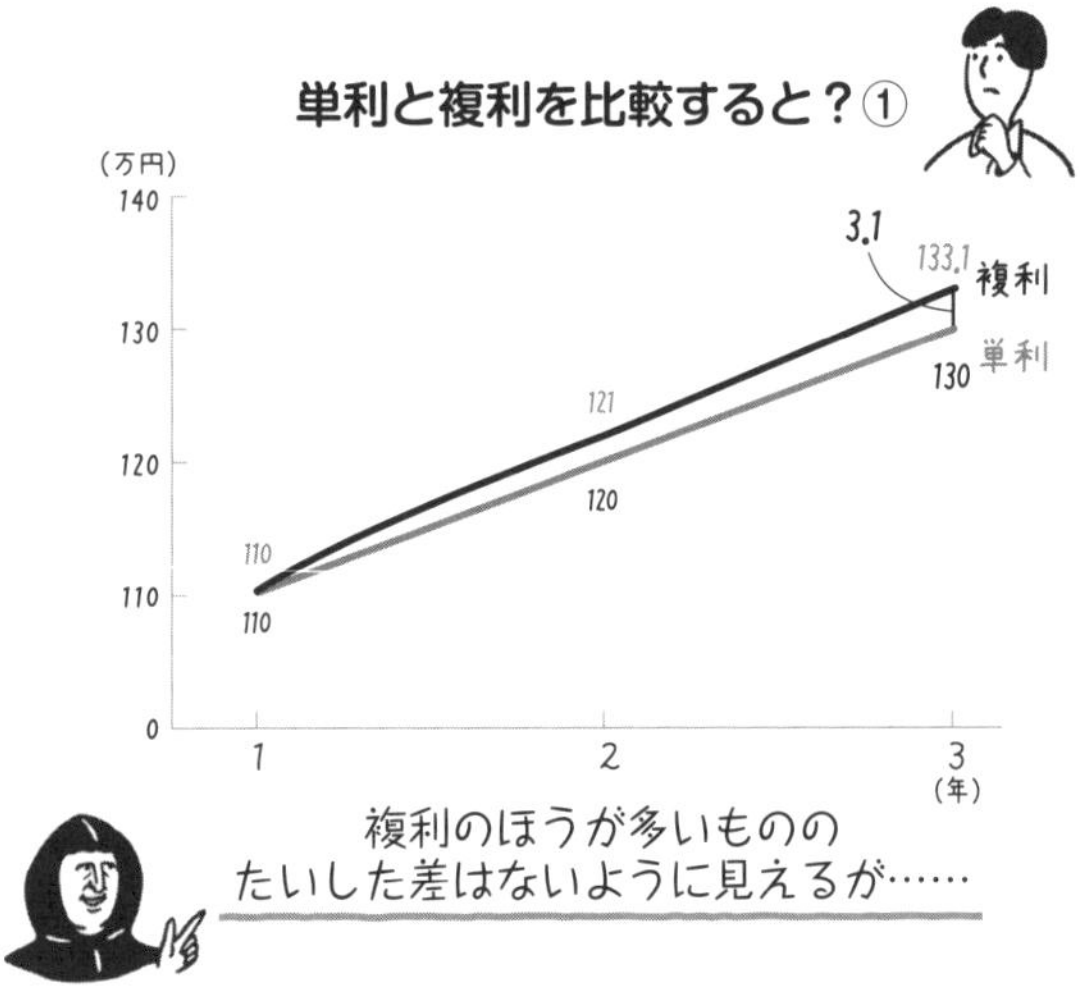

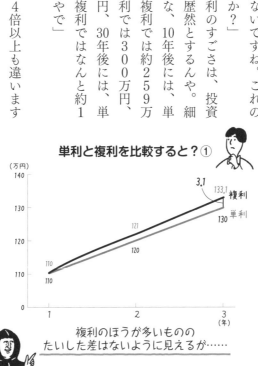

僕はあまりの差に衝撃を受けた。これなら絶対に複利で運用したほうがいい。

「複利については、石油王の**ロックフェラー**[*39]君が、『世界七大不思議に次ぐ八番目の不思議だ』とまで言うとるんやで」

「も、もしかして、ロックフェラーもパチョーリさんが教えたんですか？」

「複利について教えたのはワシや。せやけどあいつは軍事産業にも手を出しよったからな。ビジネスのやり方も強引で、ちょっと稼ぎすぎたから、敵も多かっ

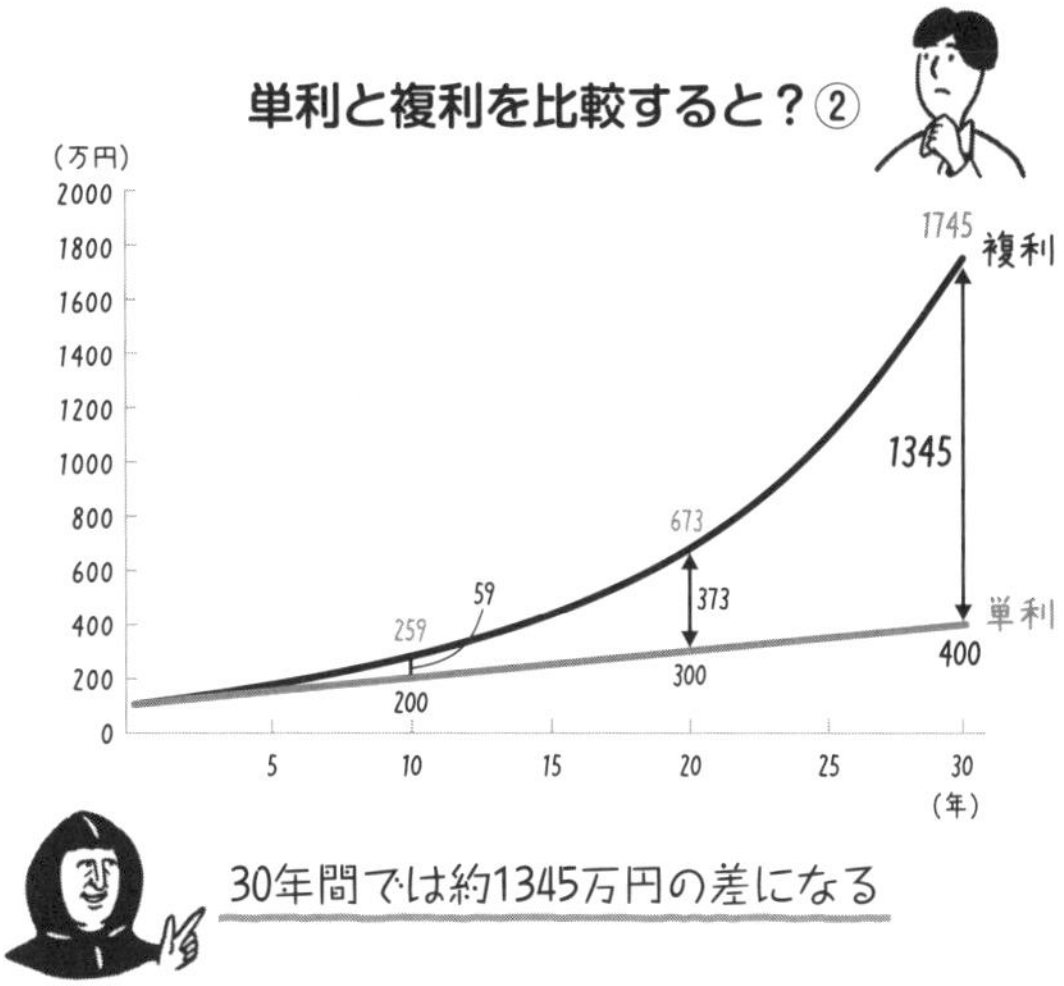

＊38　計算したい人には、エクセルで＝FV（利率，期間，定期支払額，－現在価値，支払期日）で計算を勧める。定期支払額と支払期日は空欄でも計算できる。

＊39　石油王。スタンダードオイル社の創業者。石油市場を独占し、アメリカ初のトラストを結成した。近現代史上もっとも裕福な人物とされる。

た。晩年は慈善事業に精を出しとったけど、彼の人生はまあ評価は分かれるわな」

　パチョーリは悲しそうに言った。稼いだお金を軍事産業に使われたのが悲しかったのだろう。


「複利のすごさはわかりました。いまはお金に余裕がないですが、少しずつでも投資していきます」

「それがええ。**個人型確定拠出年金（ｉ《イ》Ｄｅ《デ》Ｃｏ《コ》）も、複利で税制上のメリットも大きく、少額から進められるからお勧めや。**とにかく、自分で稼いだお金を預貯金で眠らせるのもぜいたくに使うのも自由やけど、**そのお金を複利で運用していれば得られたはずの利益をみすみす失っている**っちゅうことは自覚したほうがええな」

「わかりました。早速、積立投資とｉＤｅＣｏはスタートします」

「スタートしたら、毎月自分のＢ／Ｓに資産計上しとき。『自分のＢ／Ｓ』やから、科目名は、自分でわかるようにしておけばええ」

■貯蓄型の保険は利回りもよく「いい投資」？

「あ、１つ聞いていいですか？　先日外資系の保険会社に転職した友人から、**貯蓄型の保険**[*40]も勧められたのですが、これは投資としてはどうなんでしょうか？」

「貯蓄型の保険な。まあ一概には言えへんけど、あまりお勧めはできへんな」

「え、そうなんですか？　結構利回りもよくて、いい投資だと思うのですが」


先日も友人から、貯金しておくよりもよっぽど有利だと勧められたのだ。いまの保険を切り替えるのが面倒だったのと、お金に余裕がなくて見送ったのだが。

「まず保険の仕組み自体が、かなりのコスト高なんや。保険会社の社員って結構給料高いやろ。広告もバンバン出しとるし、一等地に立派なビルもたくさん持っ

＊40　毎月の保険料が積み立てられていく保険。一般的に解約時や満期時にそれぞれ解約払戻金、満期保険金としてお金が戻ってくる。

とる。これらのお金はどこから来ているか、考えたことがあるか？」

「いえ、考えたこともありませんでした。そう言われてみると、たくさんのお金がかかってますね」


外資系保険会社の友人は、結構稼いでいるようだった。ということはそれだけ会社の取り分が多いということか。


「それって、僕たちが支払う保険料から払われてるってことですか？」

「その通りや。契約者が毎月支払う保険料のうち、**保険金**[*41]や**給付金**[*42]として契約者に返ってくる分を純保険料、保険会社の手数料になって社員の給料や広告費や経費になるお金を付加保険料っちゅうんやけど、この割合は一般的に公表しとらん。まあ、あれだけお金をかけている以上、付加保険料の割合が小さくないのは確かやな」

「そうですね、そう思います」

「この付加保険料の部分は、本当にそれに見合ったサービスを受けられているのかを考えてみるべきところやな。保険の営業マンが、そのコストに見合う手厚いサービスを提供してくれるなら、高い保険料を払って保険に入ってもええけど、最近はそうした経費を抑えたインターネットの保険なんかもあるから、そういう保険を選ぶのもありやで」

僕がいま入っている保険は、会社に営業に来ていた生保レディに勧められるままに入ったものだ。そのあとなんの音沙汰もないし、手厚いサービスが受けられるとは思えない。

「あとな、貯蓄型保険は、払込期間終了まで待てば払込金額以上の払戻があるんやけど、途中で引き出した場合には大幅に元本割れしてしまう商品が多いのも問題やな。それに、万一の場合に保険金が支払われたら、解約返戻金《へんれいきん》も戻ってこないっちゅう商品も多い。それなら**保険は掛け捨てにして、自分で投資してお金を**

＊41　被保険者が死亡した場合や保険期間が満了した場合などに、保険会社から支払われるお金のこと。保険金を受け取ると、契約は終了する。

＊42　被保険者が病気やけがで入院・手術をした場合など、被保険者が保険期間中に生存していて、保険会社から支払われるお金のこと。給付金を受け取ったあとも、契約は継続する。

増やしたほうがええ。[*43] **自分で投資すれば、万一の場合でも関係なく投資したお金は残るからな**」

「そう考えると、貯蓄型保険に入るメリットってあまりなさそうですね」

「日本は**国民皆保険**[*44]っちゅう世界に誇る医療保険制度があるし、**高額医療**[*45]も国が負担してくれるから、実際に入院したり手術したりしても、そんなにお金はかからんのや。自分で投資して、公的な制度ではカバーできへん部分だけカバーしておけばええ」

■ 自己投資した以上にお金を稼ぐ

「わかりました。それなら**自己投資**[*46]ってどうなんでしょうか？」

「自己投資にもいろいろあるけどな、おまえは自己投資ってなんやと思う？」

「それはやっぱり資格取得じゃないでしょうか。僕の周りでも資格の勉強している人もいますし」

「自己投資＝資格取得と思うとる奴も多いけどな、投資したお金とそのコスト以上にお金を増やすっちゅう会計リテラシーの観点からすれば、その**資格を仕事に**

活かし、お金を増やせるかどうかが大事や。資格を取れば稼げるなんてもう過去の話やからな。これからの時代は弁護士も会計士も仕事の大半はＡＩによって置き換えられるし、いまでも資格を取ったのに食べていかれへん奴はぎょうさんおるで」

「その話は聞いたことがあります。弁護士になっても食べていけない時代なんですね」

＊43　２０１７年４月、前述の森金融庁長官（当時）が、「たとえば、貯蓄性保険商品の販売であれば、これまでは、『この商品は、死亡保障と資産運用を同時に行うお客さまのニーズに応えたパッケージ商品です』という説明だったのでしょうが、顧客の立場に立てば、個別の債券・投信と掛け捨ての保険を別々に購入した場合とのコストの比較を顧客に理解してもらったうえで投資判断をしてもらう必要があるのではないでしょうか」と指摘している。

＊44　原則的にすべての国民が公的医療保険に加入しなければならないという制度。世界的に見ても、日本の医療保険制度に対する評価は高く、２０００年には世界保健機関（ＷＨＯ）から日本の医療保険制度は総合点で世界一と評価された。アメリカのように先進国の中でも民間保険中心の制度もあり、無保険の国民を多く抱える国も少なくない。

＊45　医療費の自己負担額が高額になった場合、一定の金額（自己負担限度額）を超えた分が払い戻される。

＊46　自分の能力を高めたり資格を取ったりするために投資すること。

僕は先日のニュースで、弁護士事務所を開業したのにまったく稼げずにサラリーマンに戻ったという話を聞いたことを思い出した。

「資格だけやなく、世の中にはいろんなビジネスセミナーがあるけど、ただなんとなく学んで成長した気になるだけのものも多い。自己投資っちゅうのは、知的好奇心が満たされて賢くなった気がするけど、投資したお金を回収できなかったら、ぜいたくに浪費するのと変わらんからな」

「じゃあ具体的にはどんなことを学んだらいいでしょうか？」

「**大切なのはお金を稼ぐ力を身につけることや**。それには人間力も含まれるで。人間力を磨かな、お金を稼ぎ続けることはできへんからな。そんで、少なくとも**なにかを学んだら、それを実践することや**。**実践して、投資したお金以上に稼ぐことにコミットすることや**」

「実践して、投資した以上にお金を稼ぐ。会計リテラシーの基本原則ですね」

「そうや。ただ難しいのは、人間力を磨くような深い学びほど、すぐにはお金に結びつかないことも多い。すぐにお金が増えないからと言って深い学びをせずに目先のノウハウばかり学んでも、最初はよくてもどこかで成長は止まる。そのバ

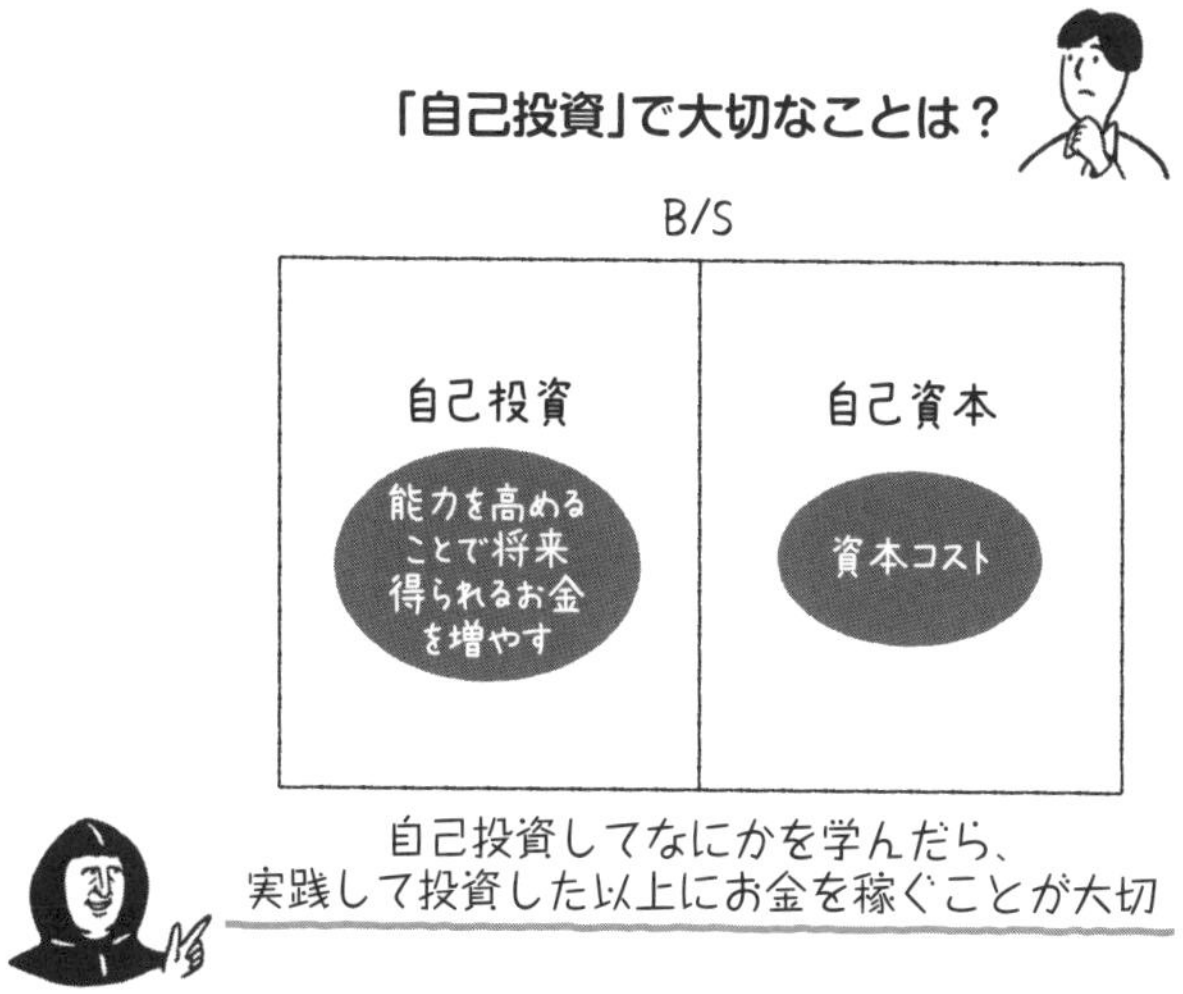
「自己投資」で大切なことは？
B/S
自己投資
能力を高めることで将来得られるお金を増やす
自己資本
資本コスト
自己投資してなにかを学んだら、
実践して投資した以上にお金を稼ぐことが大切

ランスが難しいんやけど、いずれにしても大事なのは実践や。実践すれば成功できるとはかぎらんけど、実践しなければなんも人生は変化せんからな」

その通りだ。僕は学んだことを必ず実践すると心に決めた。

「僕も、パチョーリさんの学びを実践して成功したいです」

「頼むで。さっきも言うたけど、学んだことを実践する人間は1割、そのうち、実践し続ける人間はさらにその1割しかおらん。その1%の人間が成功するっちゅうことや。**成功するのにそんな特別な知識はいらん。それよりも実践し続けら**

れるかどうかやな」

「はい！　実践し続けます！」

「まあ今日のところはここまでや。お金を増やす責任は自覚したうえで、人生やさかい、お金が増えんでも本当に幸せを感じるものにお金を使うのもすばらしいことやで。ワシも甘いもんには目がないからな。とくにティラミスは最高やな」


　イタリア人だからティラミスが好きなのか。でもルネサンス期にティラミスってあったのだろうか？


「あ、おまえ、これだけ教えてやっとるんやから、明日はティラミス買うてきてな。約束や」

「は、はい。わかりました」

「要は**自分にとってなにが大切なのか、なにが幸せなのか、を明確にする**ことや。そこがないと無駄なものにお金を使ってしまうからな。大事なのは、ときめくかどうかっちゅうことや。こんまりちゃんの教えやな」

いったいパチョーリはいつの時代の人間なんだろうか？

「あ、ティラミスが有益な投資になるかどうかは、おまえ次第やからな。おまえがちゃんと学びを活かして将来のお金に変えていければ、そのお金は生き金や。おまえが学びを活かせなかったら、ティラミスを食ったワシがうれしいだけや。まあそれでもええけどな」

「なるほど、同じお金の使い方でも、それをどう活かすかということですね」

「そういうことや。なんかティラミスのこと考えてたら、腹減って眠くなってきたな」

そう言うや否や、パチョーリはベッドに横になり、いびきをかいて眠り始めた。

僕は学んだことを忘れないように、ノートにメモをしてから、ソファで眠りについた。

第２章のポイント

会計リテラシーは、人生にも役立ちます。

と言うよりも、人生に活かしてこそ本当のリテラシーと言えます。

人生において、お金にコストがかかっていることを明確に意識している人は少ないでしょう。

とくにクレジットカードのリボ払いは、収入以上の買い物ができてしまう魔法の仕組みで、ポイント２倍などカジュアルなイメージ戦略を採っているので気軽に手を出してしまいますが、高すぎる金利を考えると実態はサラ金と変わりません。

また金利が低ければいいというものではなく、お金を生み出さない資産、コストのかかる資産、値下がりする資産を所有するのは、それが本当に必要なのか、本当に自分を幸せにするものなのか、を吟味することが大切です。

本当に必要ではない、自分を幸せにすることにつながらないものを、単にみんなが持っているからとか、見栄やプライドなどを理由に所有するのは、会計リテ

Point

ラシーの観点からは合理的とは言えません。

それよりも、お金を生む資産に投資することを検討したほうがいいでしょう。

まず収入の10％、ボーナスの50％を貯蓄し、それは安心を生むための口座として手をつけない。収入の３か月分の預金が貯まったら、それ超える分は投資に回し、お金を活かして、お金を増やす。

具体的な投資の方法としては、株式投資、不動産投資、自己投資、いろいろありますが、大切なのは自分で考え、自己責任で投資することです。複利のパワーを活かして、お金を増やしていきましょう。


もちろんパチョーリの言うように、人生においては、お金を生み出すことばかりを考えるのではなく、お金を生み出さないものにお金を使うこともなんら問題はありません。

大切なのは、それが本当に自分を幸せにするものなのか、を感じる感性なのです。その感性を磨くことも、広い意味で会計リテラシーを高めることの１つと言えるでしょう。

第2章のまとめノート

お金にはコストがかかっている

つねにお金を増やすことを意識し、浪費しない

- リボ払い →悪魔の商法！
- 外車 →コストは安くてもお金は増えない
- マイホーム→自由が制限される

お金を生み出す仕組みをつくるほうが現実的！

- 株式投資
  - ・投資と投機は違う
  - ・応援したい会社を長期保有
  - ・積立投資で再投資型
- 保険
  - ・貯蓄型よりも低コストの掛け捨て
- 自己投資
  - ・お金を稼ぐ力を身につける
  - ・人間力

投資した以上にお金を稼ぐ

第3章

人の力を借りて
レバレッジを活かす

■自社の決算書を読んでみる

目が覚めると、パチョーリは姿を消していた。2日続けて夢を見ていたのだろうか？　さすがにここまでリアルだと、もう夢ではないと思うのだが。

僕は昨晩パチョーリに教わったことを反芻《はんすう》していた。

お金にはコストがかかっている。借金はもちろんのこと、自分で稼いだお金であっても、そのお金を活かし、お金を増やすことを意識することが大事だ。もちろん自分が大好きなことや自分を幸せにすることなら、お金が増えなくても構わないけど、そうじゃない世間体や見栄のためにお金を使うのは、会計リテラシーの観点からは馬鹿馬鹿しいことのように思えてきた。

それよりもちゃんとお金を増やせること、稼ぐ力を身につけること、本当に自分を幸せにすることにお金を使おう。それがお金を活かすということだ。

そんなことを考えているうちに会社に着いた。いつも朝の通勤は憂鬱だったのに、なんとなく気持ちが前向きになっているのを感じる。

僕は席につくとパソコンを立ち上げ、インターネットで、自分の会社のホームページを開いた。「株主・投資家の皆様へ」という項目がある。そこをクリックして、直近の**有価証券報告書**[*47]を開いてみた。考えてみたら、入社して4年半も経つが、自分の会社の**決算書**[*48]を見るのは初めてだ。せっかく会計を学んだのに、本当になにも活かしていなかった。

バランスシートを見てみると、まず借入金の多さが目についた。自己資本に比較して、長期借入金が多い。大丈夫なのだろうか？

「どうしたの、松井くん。決算書なんか見て」

＊47　おもに上場企業が事業年度ごとに作成する、企業内容の外部への開示資料。企業の概況、事業内容、設備状況、営業状況、財務諸表などが記載されている。

＊48　決算書と財務諸表は、厳密には同義ではないが、本書ではとくに区別せずに用いる。正確には、決算書は税法にもとづくもので、貸借対照表、損益計算書、株主資本等変動計算書、勘定科目内訳明細書があり、すべての株式会社が作成する。財務諸表は金融商品取引法にもとづくもので、貸借対照表、損益計算書、株主資本等変動計算書、キャッシュフロー計算書、附属明細票があり、上場企業が作成する。他に、会社法にもとづく計算書類もある。

僕が驚いてうしろを見ると、小林さんが立っていた。

■「レバレッジ」ってなんだっけ？

「それ、うちの決算書ね。これを見てなにか気づいたことはある？」

「借金が多いですね。こんなに借金をしているなんて知りませんでした。大丈夫なんでしょうか？」

「たしかにうちの会社は**自己資本比率**[*49]が低いわね。でも負債が多いと言っても**長期借入金**[*50]だからね。短期借入金が多いと問題だけど、**流動比率**[*51]も十分高いし、心配しなくていいわ。うちの会社は、意図的に負債を増やして**レバレッジ**[*52]をかけてるのよ」

自己資本比率、流動比率、レバレッジ……。小林さんは、僕が会計の知識があると思って専門用語を普通に使うが、僕の理解はあいまいだ。

自己資本比率は、総資本の中で自己資本が占める比率だったはずだ。流動比率は、**流動資産**[*53]と**流動負債**[*54]の比率、だったかな。レバレッジはなんだったっけ？

僕はこれまで知ったかぶりをしていたが、わからないことは正直にわからないと言おう。

「あの、『レバレッジ』ってどういう意味でしょうか？」

「え、松井くん、レバレッジの意味わかってないの？　商学部で会計学んでたのよね？」

「は、はい」

＊49　自己資本の金額を総資本（貸借対照表の右側、つまり負債と自己資本の合計。総資産も同じ）の金額で割ったもの。総資本のうちどの程度が自己資本でまかなわれているかを示す指標。自己資本比率が高いほど会社の財務安定性は高い。

＊50　返済期限が1年以上先の借入れ。これに対し返済期限が1年以内の借入れを「短期借入金」という。

＊51　流動資産の金額を流動負債の金額で割った指標。流動資産は1年以内に現金化できる資産、流動負債は1年以内に返済する負債。流動資産が流動負債をどれだけ上回っているかを表す。流動比率を見れば、会社の短期的な支払能力（短期安全性）がわかる。

＊52　テコの原理。財務会計の世界では他人資本（負債）を使って自己資本に対する利益率を高めること。

＊53　1年以内に現金化できる資産。

＊54　1年以内に返済する負債。

なんだか小林さんとパチョーリがダブってきた。

「レバレッジっていうのは、テコの原理のことよ。たとえば負債がゼロ、自己資本が１００の会社が、10の利益を出した場合は、ＲＯＥ[*55]は10%よね」

小林さんは図を描きながら説明した。

「これに対して、負債の比率を増やして、負債が50、自己資本が50で、同じく10の利益を出せば、ＲＯＥは20%になるわね。このように負債をテコのように活用してＲＯＥを高める効果のことをレバレッジというのよ」

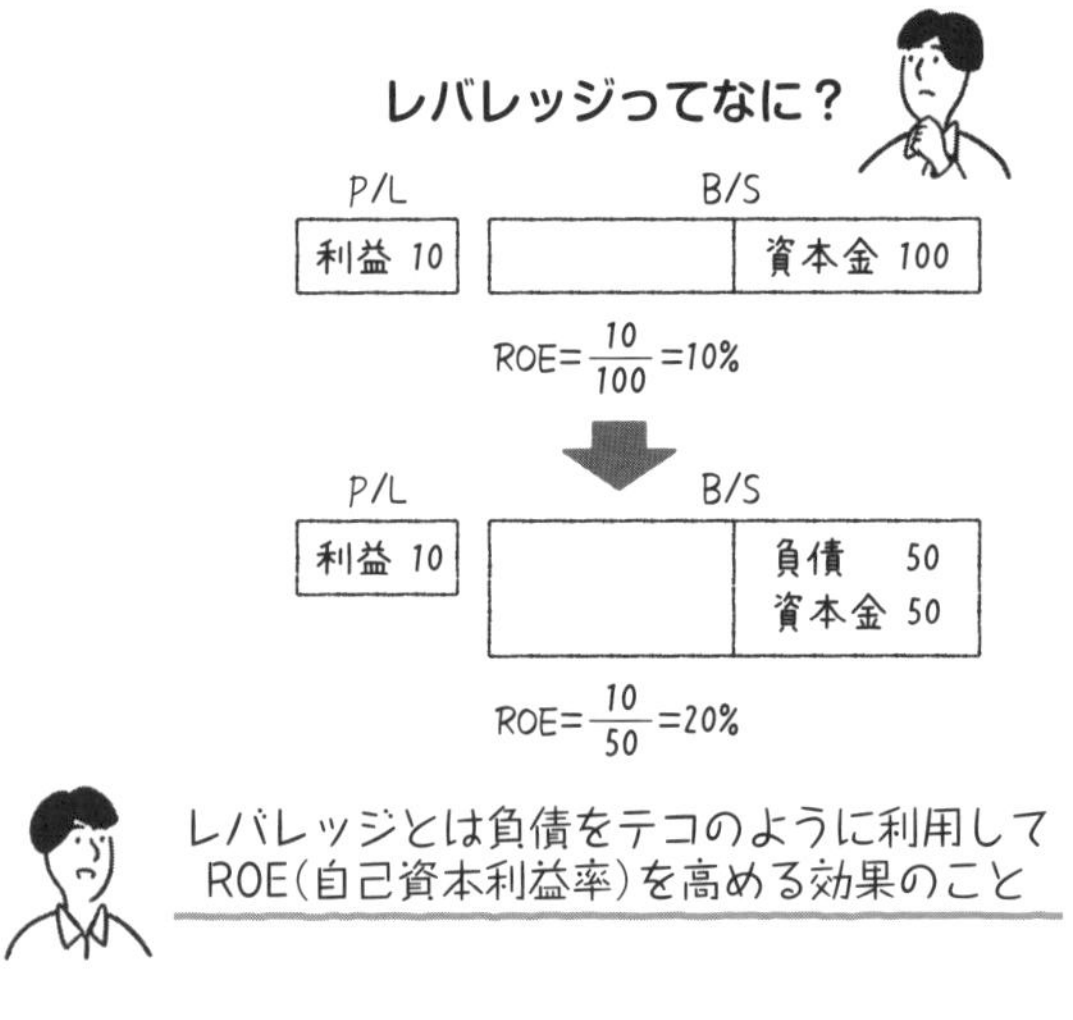

ＲＯＥという単語は覚えていた。ＲＯＥは自己資本に対する利益の割合だから、同じ利益であれば、自己資本が少ないほどＲＯＥは上がるということか。

「ということは、もっと負債の比率を増やせばもっとＲＯＥは上がるってことですか？」

「そうね。でもそうすると、今度は財務体質が悪化して**財務格付け**[*56]が低下し、負債の調達コストが上がってしまうの。つまり自己資本が多すぎるとＲＯＥが悪化するし、負債が多すぎると負債の調達コストが増加してしまう。その最適なバランスを探るのが**最適資本構成**[*57]よ」

＊55　Return on Equity。自己資本利益率。自己資本に対してどれだけの利益が生み出されたのかを示す。

＊56　金融商品または企業・政府などの信用状態に関する評価を簡単な記号または数字で表示した等級。信用格付けとも言う。Moody'sやS&Pなどの格付け会社が付与する。格付けが高ければ低い金利で資金調達でき、格付けが低いと倒産リスクが高くなるため高い金利でなければ資金調達できなくなる。

＊57　他人資本と自己資本の最適なバランスをとり、資本コストが最適になる構成のこと。厳密には負債の節税効果も考慮する。

最適資本構成。たしかこれも大学で習ったけどすっかり忘れていた。でも実際に自分の会社の決算書を見ると、その意味がリアルに感じられる。

「自社の決算書だけでなく、営業先の決算書も見てみるといいわ。**決算書は同業他社と比較したり、時系列で比較したりすると、いろいろなことが見えてくるから**」

「そうなんですね。わかりました」

「それとね、レバレッジは会計だけでなく、人生でも活かすといいわよ」

小林さんはそう言うと、席に戻っていった。

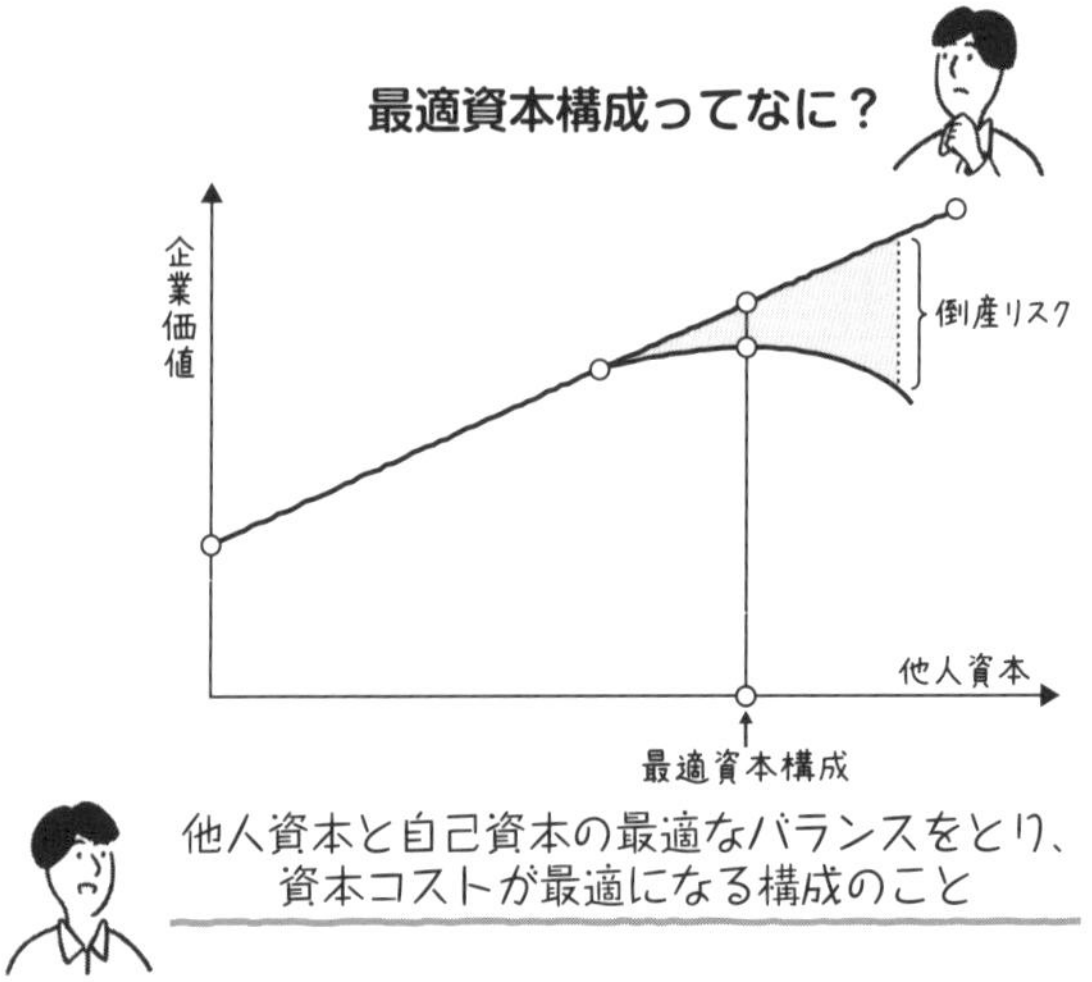

最適資本構成ってなに？
企業価値
倒産リスク
他人資本
最適資本構成
他人資本と自己資本の最適なバランスをとり、
資本コストが最適になる構成のこと

レバレッジを人生で活かす？　どういう意味だろうか？

僕はひとまず、小林さんの言う通り、営業先のホームページから有価証券報告書とＩＲ[*58]資料もプリントアウトした。決算書を見てみると、うちの会社と違って自己資本比率が高い。かなりの堅実経営だ。担当者と話していると堅実な印象を受けたが、そうした社風は財務体質にも表れているのか。僕は数字の羅列だと思っていた決算書が、いきいきとしたリアルなものに感じられた。

僕は決算書を見るのが楽しくなり、営業先だけでなく、自分が知っている有名な会社の決算書も見てみた。まさか自分が自主的に決算書を読もうという気になるなんて。人生わからないものだ。

＊58　Investor Relations。会社が公正な価値評価を受けるための、投資家や資本市場とのコミュニケーション。

■借金にも「悪い借金」「よい借金」がある

仕事を終え、オフィスを出た。今晩はパチョーリには会えるのだろうか。いずれにしても、ティラミスはお土産に買っていこう。もし会えなければ自分で食べればいい。

渋谷ヒカリエに立ち寄り、ふだん買わないような1つ500円の高級ティラミスを2つ買って帰宅した。家の中は真っ暗で、誰もいない。

「はあ。パチョーリっていったい何者なんだろう？　それともやっぱり夢だったのか？」

僕はため息をついた。スーツを脱ぎ、部屋着に着替えてテーブルに座り、仕方なく買ってきたティラミスを開けた。

「それはもしや、ティラミスやな」

「わっ！　パチョーリさん、いたんですか？　驚かさないでくださいよ。いったいどこに隠れてたんですか？」

「ティラミスの香りに誘われて出てきたんや。おまえがティラミスを買ってこなかったら出ていかへんつもりやった」

なんて現金なんだろう。でもそんなところが憎めないところでもある。

「おお、なんちゅうおいしそうなティラミスや！　さすがわかっとるやないけ」

パチョーリは目を輝かせて言った。

「あれ、おい、エスプレッソはどうした？」

「え、エスプレッソ？」

「ティラミスにはエスプレッソが付きものやろが。ホンマ気が利かん奴やな」

「す、すみません」

「まあええ、コーヒーでええわ」

僕はインスタントコーヒーをつくってパチョーリに渡した。

「はあ、うまい、幸せや。こんなうまいティラミスは初めてや」

「お口に合ってよかったです」

「ホンマうまかった。おおきに」

パチョーリは満足そうな顔で僕に手を合わせた。

「こんなにうまいティラミスを食べられるのも、パティシエさんや、パティスリーの店員さんや、もっと言えば農家の人たちや牛さんたちのおかげやなあ」

「え、パチョーリさん、どうしたんですか？」

「どうしたもなんも、このティラミスがワシの元に届くまで、どれだけたくさんの人の努力があったかを思って、感動しとるんや。もちろんおまえにも感謝しとるで」

「は、はい。こちらこそありがとうございます」

僕は恐縮して思わず手を合わせた。

「でもすごいですね、そこまでイメージするなんて」

「当然や。人は１人では生きていかれへん。たくさんの人の力を借りて生きとる。そうやって人の力を借りてレバレッジを活かしていくのも、会計リテラシーなんやで」

「レバレッジ！　今日小林さんに習いました」

「それはちょうどええ。じゃあレバレッジについて説明してみ」

僕は不意を突かれ、今朝小林さんに言われたことを必死に思い出そうとした。

「えーと、負債の比率を増やすことでＲＯＥが向上する、ということでしょうか」

「せやな。**会計で言うレバレッジは、負債を活用することや**」

「負債を活用する。でも昨日は、ローンを借りて外車やマイホームを買うのはよくないっておっしゃいましたよね？」

昨日はローンで外車やマイホームを買うことを否定していたのに、負債を活用するなんて矛盾してるんじゃないか？

「あのな、そういうのを短絡的な理解っちゅうんや。借金が悪いわけやないんやで」

「え、そうなのですか。てっきり借金は悪なのだと思っていました」

「借金のコスト以上にお金を増やせるなら、それは投資したらええ。**借金を活用すれば自己資金として持っている金額以上に投資できる、つまりレバレッジを効かせられる**からな」

「自己資金以上に投資できる。それがレバレッジという意味なのですね」

「せやな。仮に自己資金が20万円しかなくても、30万円借りれば50万円投資できる。2％で借りて5％の利回りが得られれば、勝手に年利3％でお金が増えていく。そうすれば**不労所得**[*59]をつくれるからな」

■「不労所得」はよくない？　ずるい？

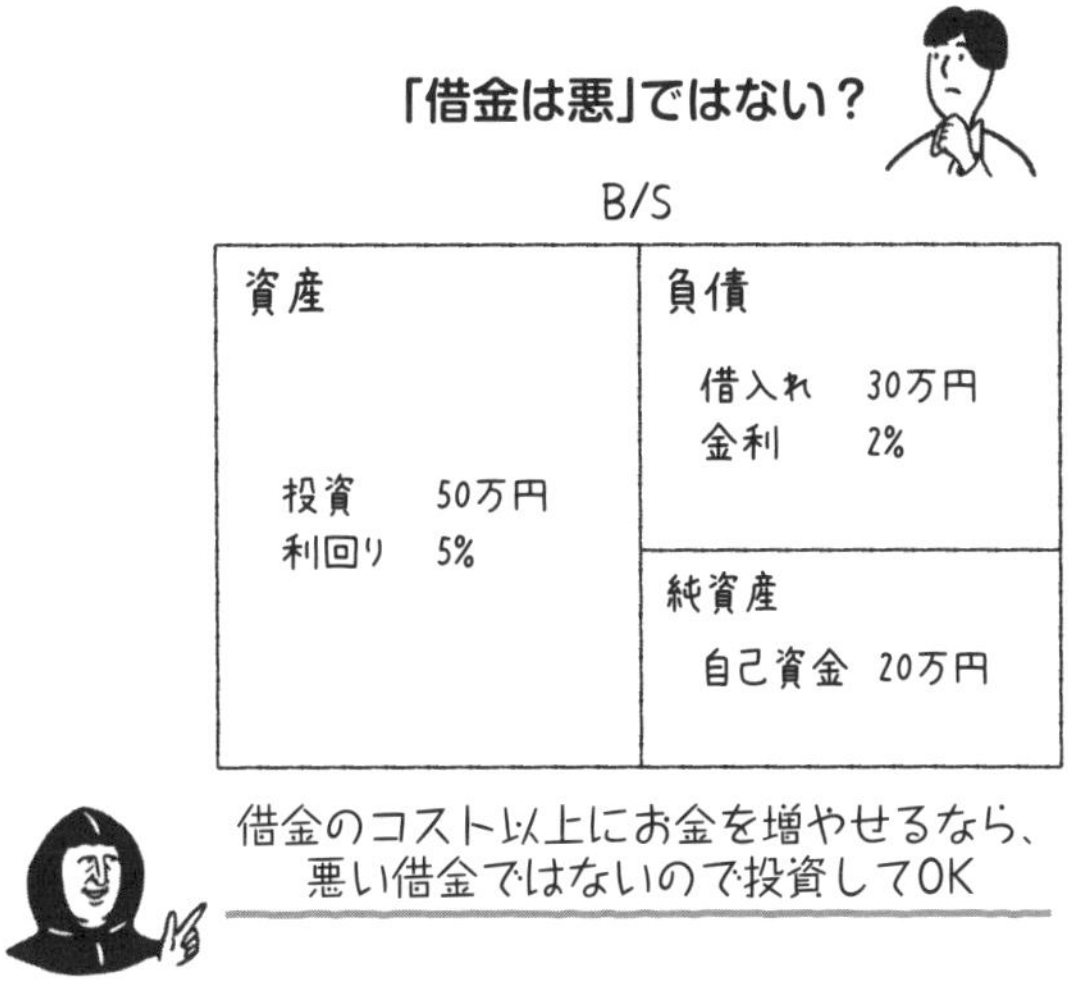

「不労所得って聞いたことがあります。なにもしなくてもお金が増えるってことですよね？」

「なにもしない、というよりは、労働時間に比例しない、という言い方が正確やな。昨日説明した株式投資などの資産形成、それに不動産投資や、印税、ビジネスオーナーなんかも不労所得になるで。

収入[＊60]には労働所得と不労所得の２種類がある。労働所得は、働いた分だけ入ってくるお金のことで、給料が典型的や。働けば給料が入るけど、働かへんかったら

＊59　利息・配当金・家賃・地代などのように、自分自身で働くことなく得られる収入のこと。資本所得、権利収入ともいう。

＊60　厳密には、収入と所得の意味は異なるが、不労収入よりも不労所得という言い方が一般的であるため、本書では「不労所得」で統一する。なお収入から必要経費を引いたものが「所得」となる。

給料は入らん。医者も弁護士も大企業のエリートも、みんな労働所得やな」

「働けば給料が入って、働かなければ給料は入らないって、当たり前ですよね？」

「ほとんどの人間は、それが当たり前と思うとるけど、それは収入を得る1つの方法に過ぎん。労働時間に比例しない収入も世の中にはたくさんあるんやで」


そんな方法があるなんて知らなかった。でも働かないで得られる収入って、うらやましい反面、なんかずるい気もする。


「不労所得って魅力的ですけど、なんかうしろめたいような、ちょっとずるい気もします」

「それは労働が美徳っちゅう考え方やな。お金は汗水垂らして稼ぐもんっちゅう考え方や。美しい考え方やし、ワシも嫌いやない。働くのは楽しいからな」

「僕も両親から、お金は汗水垂らして稼ぐものだ、働かざるもの食うべからず、と教えられてきました」


僕は働き者だった両親の顔を思い浮かべた。

「真面目なご両親やな。感心なことや。そうやっておまえみたいに不労所得がよくないと思い込んどる人間が多いけど、それは自分の可能性をせばめるだけやから、そんな思い込みは手放したほうがええで。**大切なのは、おまえが汗水垂らすかどうかやなくて、誰かの幸せを生み出しているかどうかや。**おまえが一所懸命に働いて誰も幸せにならないよりも、おまえがのんびり過ごして誰かが幸せになるほうがよっぽどええし、そのほうがお金も増えるんやで」

そうなのか。でも言われてみれば、僕が汗水垂らして働くかどうかよりも、誰かが幸せになるかどうかのほうがずっと大事だ。

「実際、ほとんどの人間が、お金を稼ぐには労働せなあかんと思い込んどる。それ以外の方法を思いつかんのや。なんせ学校では教わらんからな。学校で習うのは、勤勉な労働者になる方法だけや」
「どうしてそんな大切なことを学校では教えてくれないんですか？」
「まあ洗脳やな。学校教育は勤勉な労働者を育てることが目的やからな。せやから自分で学ばんとあかん。そのためにも会計リテラシーが必要なんや」

「パチョーリさんの話を聞いて、僕も不労所得をつくりたくなりました」

「不労所得だけっちゅうのもつまらんで。やっぱり汗水垂らして働いて誰かに喜ばれるのは幸せなことやからな」

たしかにまったく働かなくていいとなったら、人生つまらない気もする。

「収入の手段が労働所得だけっちゅうのも病気や怪我をしたときに収入が途絶えてしまって危険やから、**労働所得と不労所得をバランスよく持っておくのが一番**やと思うで。生きていくために必要なお金を不労所得でまかなえれば、お金の不安がなくなるから人にも優しくできるし、あとは好きな仕事だけして生きていけるから、仕事のパフォーマンスも上がってもっとお金を稼げる。好循環やな」

そんな人生が送れたらどんなにいいだろうか。

■お金持ちで不動産投資をしていない人はいない

「せやのに、ちょっと収入が増えると、すぐにぜいたくして生活コストを上げる奴が多い。そういうのも会計リテラシーのなさを感じるな」

「ぜいたくしてはいけないということですか？」

「せやない。ぜいたくは楽しいし、いい経験にもなるからな。経験は一番の財産や。ただせっかく**お金ができたんやったら、ぜいたくばかりするよりも資産形成もしたほうがええ**んちゃうかと思うんや」

「収入が増えたのであれば、増えたお金でぜいたくする分にはいいんじゃないですか？」

「それは自由やけどな、**機会費用**[*61]を考えるべきなんや」

「機会費用？　どういう意味でしょうか？」

＊61　複数ある選択肢のうち、同一期間中に最大利益を生む選択肢とそれ以外の選択肢との利益の差のこと。他の選択肢に投資していれば得られたはずの利益。

「それも大学で習っとるはずやけどな。そのお金を他に投資していれば得られたはずの利益のことや。**もしぜいたくにお金を使うなら、そのお金を投資していれば得られたはずの利益、とくに複利で運用して得られたはずの利益と比較して考えるべき**っちゅうことやな」

「それは株式投資とかで得られる利益ってことですか？」

「それもあるけど、ちょうどレバレッジの話が出たとこやし、**不動産投資**[*62]について話していこうか」

「え、不動産ですか？　昨日マイホームは買うべきではないとおっしゃってましたよね」

「不動産投資はマイホームとはちゃう

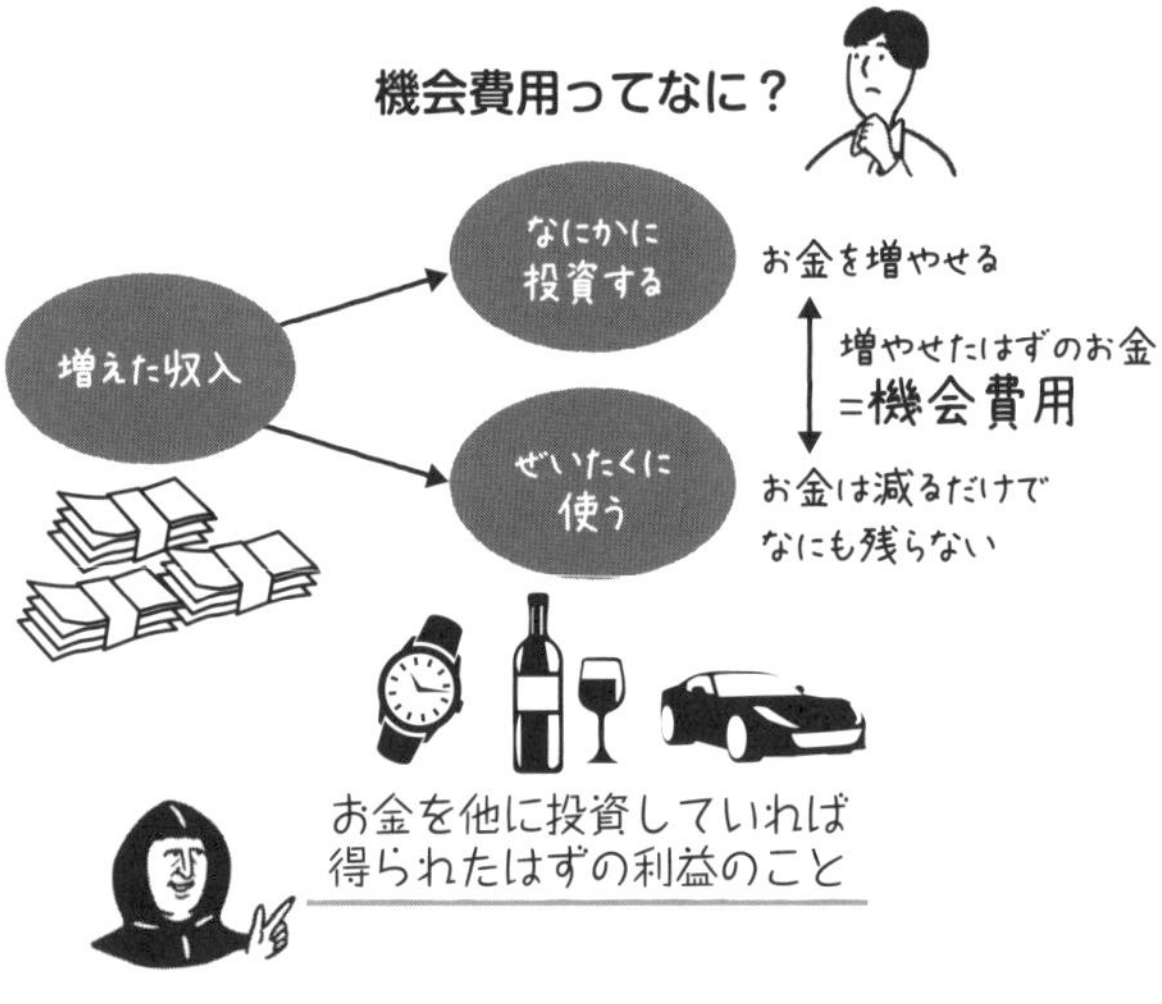

機会費用ってなに？
増えた収入
なにかに投資する
ぜいたくに使う
お金を増やせる
増やせたはずのお金
=機会費用
お金は減るだけでなにも残らない
お金を他に投資していれば得られたはずの利益のこと

で。マイホームは基本、なにもお金を生み出さんやろ。そうやなくて、賃貸に出せる収益不動産を買うっちゅうことや」

収益不動産か。そういえば僕の同期の工藤も、投資用マンションを買ったと自慢していた。そういうことか。

「賃貸に出せば、その資産はお金を生む。**マイホームはお金を生まんけど、不動産はお金を生む**んや。お金持ちで株式投資をしてない奴はおらんけど、不動産投資をしとらん奴もまずおらんで」

「そうですね、お金持ちは不動産を持っているイメージがあります。僕の友人でも投資用マンションを買った人がいますよ。頭金ゼロで投資できたと言ってました」

「ああ、頭金ゼロのワンルームマンション投資な。それも物件を間違えなければええけど、業者の口車に乗ってしまっとる奴も多いな。**不動産投資するなら、業**

＊62　利益を得ることを目的として不動産に投資すること。

者の言いなりにならんと、ちゃんと学んで情報収集することが大事や。良心的な業者もあるにはあるんやけど、基本的には業者が売りたい物件を勧めてくると思ったほうがええ。ちゃんと学んでおかないと痛い目にあうで」

「そうなのですね。でも学んで情報収集してってちょっと面倒ですね。もっと簡単にできるものはないんですか？」

「そんな都合のええものはないと思ったほうがええ。**不労所得っちゅうと楽して儲けるイメージがあるやろうけど、ちゃんと学んでない奴はカモにされるだけや**」

そうなのか。やはりそんなにおいしい話はないということか。

「ちゃんと学んで情報収集すれば、中古で５００万円以下の物件なんてゴロゴロある。それにリフォームかけて、月６万円で貸し出せば、年72万円のお金を生み出す。仮に諸費用込みの総投資額が６００万円で、半分の３００万円を利率２％、10年のローンで借りれば、月の返済額は約３万円、利益は差引き月に約３万円や。経費や税金も含めて約10年で投資額を回収して、それから先はずっと不労所得になるっちゅうわけや」

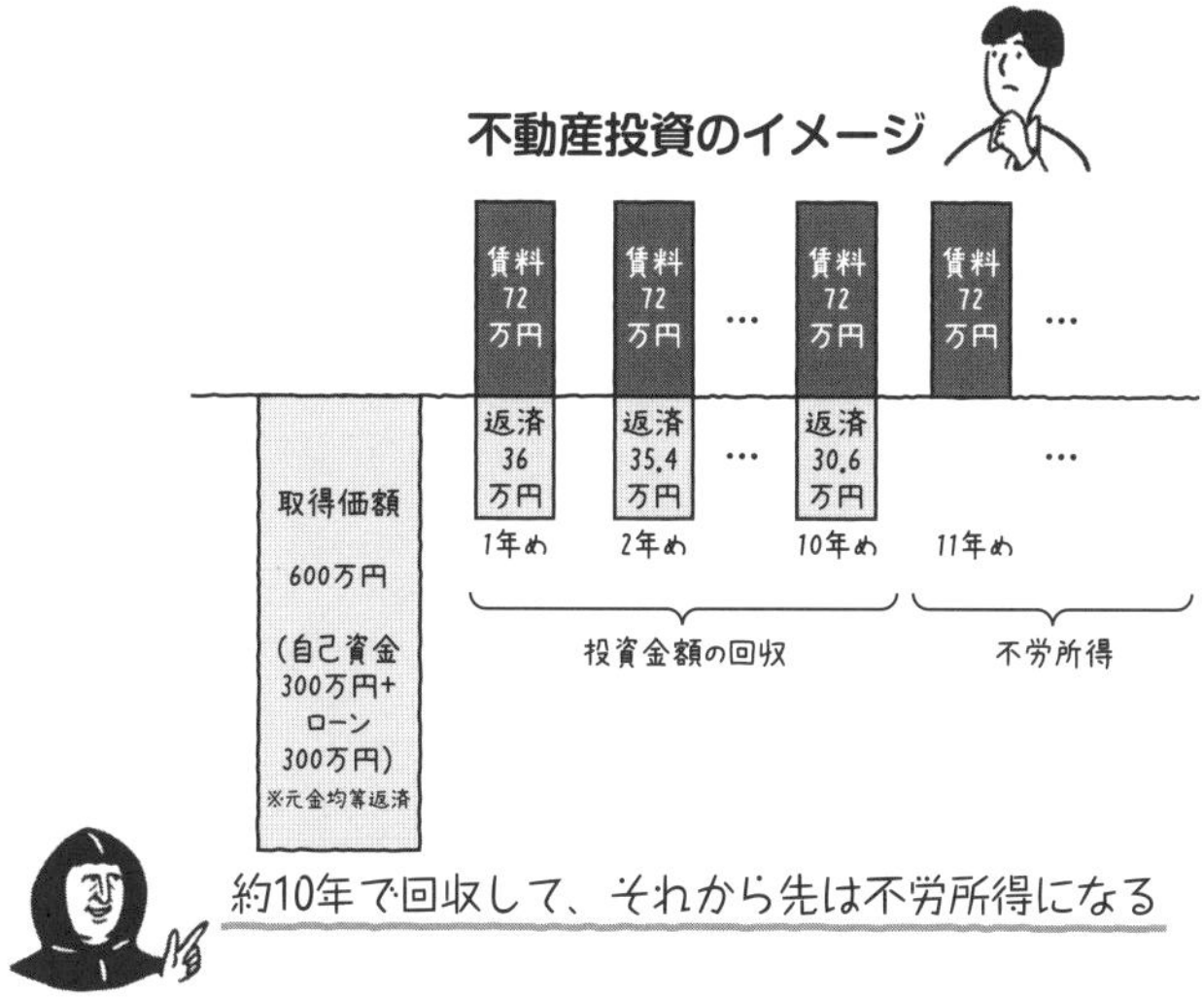

「それはすごいですね」

「そうやって**不労所得をつくっていって、生きるために必要なお金が不労所得で入るようになったら、もうお金の不安から解放される**やんか。そしたらそのお金は自由に使うたらええ」

お金の不安から解放されるなんて最高だけど、リスクはないのだろうか？

「でも不動産って空室リスクがあるっていうじゃないですか？　昨日も3分の1が空き家になるって言ってましたよね？」

「それはレバレッジを目いっぱいかけて、頭金ゼロで多額のローンを組んで、資金がカツカツの状態で投資するからや。物件選びを間違えなければ、1年も2年も空室なんてことはあらへん。**数か月空室になるだけでキャッシュフロー**[*63]**が厳しくなるようなら、ストレスになるだけやから投資せんほうがええ**で。レバレッジをかけるっちゅうても、頭金ゼロで投資するんやなくて、ちゃんと数百万円くらいは元手をつくって、ローンの比率を適正にしたほうがええんや」

「でも数百万円をつくるのは難しいですよね？」

「そんなことはあらへん。おまえのその高級時計とか、外車とか、そういうぜいたくをせんと、月収の10％、ボーナスの半分を堅実に貯蓄すれば、数年で数百万円はいくわな。でも会計リテラシーがない奴は、ちょっとお金が貯まるとすぐにぜいたくをする。それでずっとお金に振り回されるっちゅうわけや」

　そう言われると返す言葉がない。僕はリボ払いで身の丈に合わない高級時計を買ったことを後悔した。

■人の力を借りて人生でも「レバレッジ」を活かす

＊63　お金の流れ。お金の収支。

「人生のB/S」を考えると？

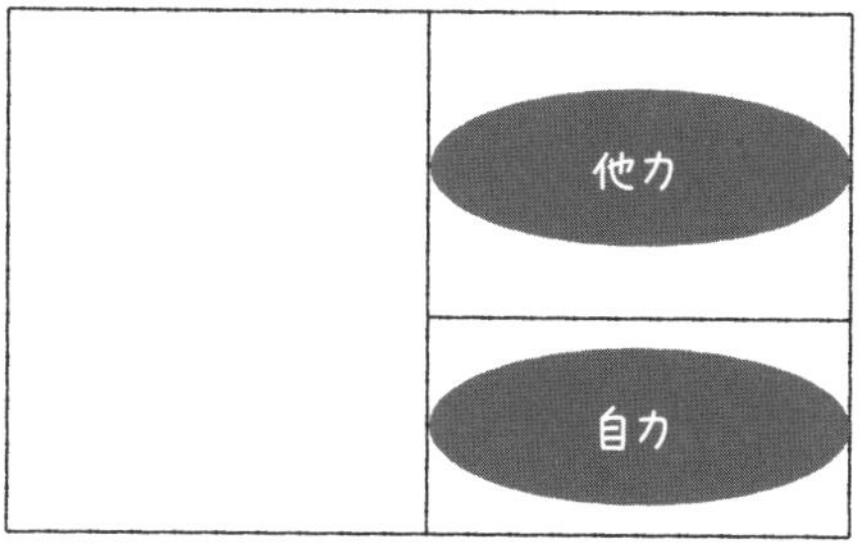

他力を借りること＝レバレッジを活かすこと

「このレバレッジの考え方も、人生に活かせるんや」

「そうでした。それを小林さんも言ってたんですけど、それは借入れを増やすべきってことですか？」

「そうやない。人生においても、自分の力だけやなく、他人の力を借りるってことや」

そう言うとパチョーリは、ノートにバランスシートの図を描いた。

「自分の知識や経験だけでなんとかしようとするのは、自己資本だけでやっているようなものや。**成功している人は例外なく、人の力を活かしとる。自力だけでなく他力を活かしている**っちゅうことやな。つまり自己資本だけでなく他人資本の力を借りてレバレッジを活かしとるんや」

「なるほど。**人の力を借りることがレバレッジ**なのですね」

「さっきのティラミスの話と一緒や。自分1人ではどんな天才パティシエでもティラミスはつくられへん。農家の人たちや、その原材料を加工してくれる人たち、調理道具をつくってくれる人たち、配送してくれる人たち、たくさんの人の力を借りて、1つのティラミスができとる。これはどんな仕事にも言えることやな」

「そうですね。意識したことはありませんでしたが、僕の仕事もたくさんの人たちのおかげで成り立っています」

「それをもっと意識して、感謝して、もっとたくさんの人の力を借りるんや。鉄鋼王**アンドリュー・カーネギー**[*64]君の墓碑に『己より優れた者を周りに集めた者、ここに眠る』と書かれているのは知っとるか？」

　鉄鋼王カーネギー。名前は聞いたことがある。自分より優れた者を集めるか。それができればなんだってできそうだ。

「人の力を借りてレバレッジを活かす。そのためにはまず自分が信頼される人間にならなあかんし、人の力を発揮させられる人間にならなあかん」
「そうだと思います。もっと人として成長しないといけないですね」
「会計のレバレッジも同じやで。他人資本、つまり借金ができるのも、人としての信頼があるからや。**信頼がなければそもそも借金もできへん。**借金というとネガティブなイメージがあるやろうけど、お金を借りられる、人の力を借りられる、というのはすごいことなんやで」

そうだったのか。借金は信頼があるからできるなんて、そんな視点は持ったことがなかった。

「おまえも、誰の力を借りられるのか、その人たちの力をどうしたら最大限に発揮してもらえるのか、を考えてみるとええ」

＊64　カーネギー鉄鋼会社の創業者。鉄鋼王と呼ばれる。

■「人的資本のB／S」をつくる

「はい。でも正直、いまの僕には、力を貸してくれる人はあまりいなそうです」
「そんなことないで。じゃあ『自分のB／SとP／L』をつくったことやし、『人的資本のB／S』もつくってみようか」

パチョーリはそう言うと、ノートにB／Sを書き込んだ。

「右下の自己資本のところには、おまえの知識や経験を書いて、右上の他人資本のところには、おまえが力を借りられる人の名前を書いてみるんや」
「え……、急にそう言われても」
「ええから、まずは書いてみいや。実際に力を貸してくれるかどうかは考えんでええ。おまえが力を借りたい人の名前を書いてみい」

そう言われて、僕は自分の知識や経験として、大学で学んだ会計、営業の経験、

松井の「人的資本のB/S」

〈資産〉	〈他人資本〉 小林さん　前田 岡田　渋谷 工藤　両親 石川
	〈自己資本〉 会計の知識 営業の経験 会計リテラシー

自己資本＝自分の知識や経験
他人資本＝力を借りたい人の名前

パチョーリから習った会計リテラシーを記入し、僕が力を借りたい人の名前として、小林さんや、同期の岡田、工藤、部下の石川、大学時代の友人の前田と渋谷、そして両親を書き入れた。

「なんや、結構書けるやないか」

「こうして書いてみると、思ったよりも、僕は人に恵まれていると思いました。なんか感動しますね」

「まだまだ大勢いるはずやで」

パチョーリの言う通り、力を借りたい人はまだまだいる。でも本当に力を借りることはできるのだろうか？

「はい、もっといると思います。でもどうしたら力を貸してくれるんでしょうか」

「おまえが素直に『助けてください』って頼めばええんや」

「助けてください、ですか。そんなこと、とても言えないです」

「そうやろな。多くの人が、世界は厳しいって思い込んで**自分の力でなんとかしようとするけど、それは人を信頼してないってこと**なんや」

「人を信頼してない……」

「**世界は思ったよりも優しい**んやで。自分の無力さを自覚して、人の力を借りたらええんや。で、もし頼れんのやったら、いまからでも遅うない。人を大切にすることやな」


まさか会計の視点から、人を大切にするという話に広がるとは思わなかった。でも本当にパチョーリの言う通りだ。

■自分はどんな価値を生み出せるのか?

「そうやって人の力を借りたなら、おまえ自身の力と、人の力を合わせて、どんな価値を生み出せるかを考えるんや」

「どんな価値が生み出せるか、ですか」

「そうや。**おまえがどんな価値を生み出したいのか、どんな世界をつくりたいのか、その想いに共感した人たちが、おまえの協力者になってくれるんやで」**


自分がどんな価値を生み出したいかなんて、これまで考えたこともなかった。


「ソニーやホンダのような会社も、創業者の想いからスタートしたんや。その想いや理念に共感した人たちが集まって、あれだけの大企業になったんやで」

「ソニーやホンダ、ですか。僕はそんな大それた理念なんてないですよ」

「別に大企業をつくれ言うとるんやない。ただ会社の中の仕事や、あるいは個人事業のような仕事であっても、共感を生んで、仲間に助けてもらうことで、１人では生み出せない価値を生み出せるんやで」


僕はいったい、なにを生み出したいのだろうか？　どんな価値を提供できるのだろうか？

「いますぐには思いつかんやろうけど、つねに意識することやな。それをB／Sの左側の資産の部に書き込んで、いつも眺めてみたらええ」

「わかりました」

「そして、おまえ自身だけでなく、その力を貸してくれる人たちの時間にもコストがかかっていることを自覚して、そのコスト以上の成果を生み出すことにコミットすることや」

「それが会計リテラシーなんですね」

「そういうことや。調達したお金や、他人の時間には、必ずコストがかかっとる。そのコスト以上のお金や成果を生み出す責任を自覚することやな」

「はい、わかりました」


僕は深刻な表情で答えた。


「あ、おまえ、表情が硬いな。さっきも言うたけど、人生やさかい、つねにお金や成果を生み出さなきゃあかんっちゅうわけやないで」

「あ、そうでした。お金や成果を生み出す責任と言われると、つい重く考えてし

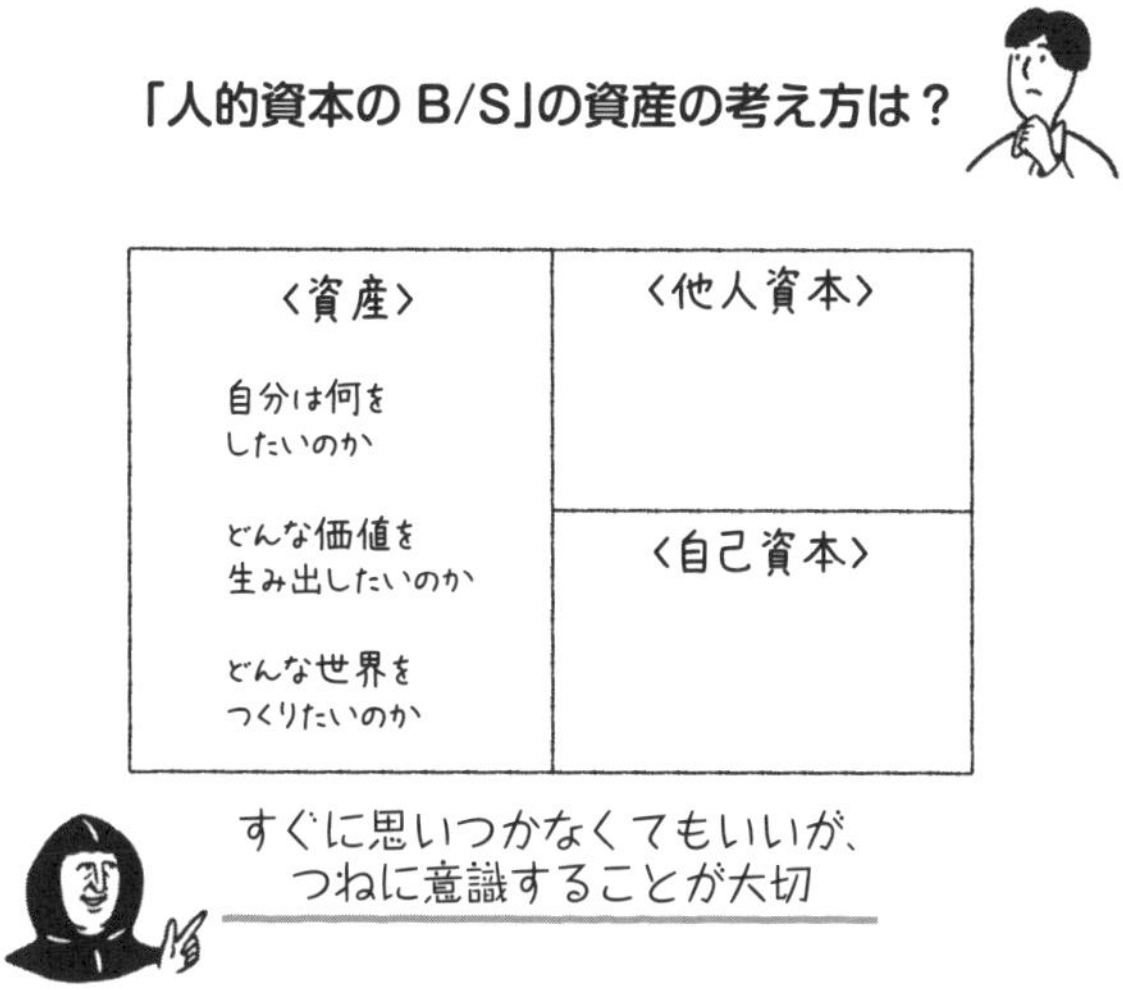
「人的資本のB/S」の資産の考え方は？
〈資産〉
自分は何をしたいのか
どんな価値を生み出したいのか
どんな世界をつくりたいのか
〈他人資本〉
〈自己資本〉
すぐに思いつかなくてもいいが、つねに意識することが大切

まいます」

「真面目な奴やな。そこがおまえのええとこや。でもな、一番の成果は、おまえが幸せになることやで。おまえに力を貸してくれる人たちが一番に望んでいるのも、おまえの幸せや」

パチョーリの言葉には優しさがある。表現はきついが、根底に愛があるのを感じる。

「そんな深刻にならんと、もっと軽やかに行こうや。深刻になって重たくなったら、進むもんも進まんで」

パチョーリは明るい声で言った。

「軽やかに、ですね。わかりました」

「楽しく軽やかに、がポイントやで。お金はエネルギーやからな。エネルギーは重たくなると前に進まん。**軽やかなほうがお金もどんどん回るんやで**」

そういうものなのか。でも深刻になるとうまくいかないというのはわかる気がする。

「ま、今日のところはこれくらいにしとこうか。明日もティラミスと、あとエスプレッソを忘れんといてな」

「あ、明日もなのですね」

「当然や。あ、さっきティラミス食ったさかい、歯を磨かんとな。おまえ予備の歯ブラシ持っとるか？」

「はい、洗面台の下の棚に入ってます」

「おおきに〜」

あれくらいの軽やかさが必要なのか。僕がパチョーリから学んだことをノートにまとめていると、歯磨きを終えたパチョーリはさっとふとんに入って、いびきをかき始めた。

第3章のポイント

会計は、おもに株式会社（株式会社以外も対象になりますが）の事業活動をお金の観点から記録したものです。

この株式会社という仕組みは、人類最大の発明の1つとも言われています。なぜなら、所有権を譲り渡し、返済義務を負わない代わりに利益が出たら配分するという仕組みを用いることで、世の中から広くお金という資源を集め、大規模な事業活動を可能にしたからです。

さらに会社は、他人資本つまり借入れによってもお金を調達できます。この借入れを利用することによってレバレッジ、テコの原理を活かして、自己資金以上に投資しさらに大規模な事業活動ができます。

企業財務においては、負債が増えることでROEが高まる効果と、倒産リスクが高まり調達コストが増える効果、さらに本文では省略しましたが負債の節税効果も踏まえて、最適資本構成が決定されます。

Point

この考え方を人生にも拡大し、自分の力だけでなく、人の力を借りてレバレッジを活かすということを、「人的資本のＢ／Ｓ」を作成することによって明示化することも有効です。

これは、自己資本と他人資本を活かして価値を創造していくという会計の考え方を人生に応用した、筆者独自の考え方ですが、私自身や私のクライアントが仕事や人生で実践したところ、大きな成果が生まれた手法です。

人の力を借りることを目に見える形で明示化し、つねに意識することで、自然に意識が拡大し、１人ではできないレベルの仕事を成し遂げられます。

また、人の力を借りるためには自分が人間として成長し、できないことはできないと認め、謙虚に素直に助けを乞う必要があるため、自然に人間としての器が広がっていきます。

ぜひレバレッジを活かして、人の力を借りながら、仕事や人生において新しい価値を生み出していきましょう。

第3章のまとめノート

■不労所得

・僕が働くかどうかよりも
誰かが幸せになることが大事

■不動産投資

・頭金を貯めてレバレッジも活かす
自分で学んで情報収集！

■人生のレバレッジ

・人の力を借りる
・人として成長する
・人に頼れないのは人を信頼してないから
・人を大切にする
・どんな価値を生み出せるのか？
・深刻にならずに軽やかに

第4章

お金の流れをイメージして回転を速める

■「在庫」くらい十分に用意しておけよ

朝目覚めると、またパチョーリは姿を消していた。

これは夢なのか現実なのか、僕はもうどうでもよくなっていた。それよりもパチョーリからの学びは本当に価値がある。実践しなければもったいない。

昨日習ったレバレッジ。負債を活用するという財務レバレッジだけでなく、人の力を借りるというレバレッジの考え方は、すごく大切だと思う。自分の知識や経験だけでなく、人の力を借りれば、もっと大きな価値を生み出せる。

僕は出勤する電車の中で、昨日ノートにまとめた「人的資本のB／S」を開いてみた。他人資本の部には、小林さんや、同期の岡田と工藤、部下の石川、大学時代の友人の前田と渋谷、そして両親の名前が書いてある。彼らの力を借りるにはどうしたらいいのだろうか。

部下なら上司の権限で動かすことはできるが、それはちょっと違う気がする。ましてや友人や同僚や上司の力を借りるなんて本当にできるのか？

そんなことを考えていたらいつの間にかオフィスに到着した。考えてもわからないので、僕は目の前の仕事に取りかかることにした。今日の営業は詰めの提案だ。気合いを入れていかなければ。

「ありがとうございます！　今週中にはサーバーを納品できると思います」

「最近の松井さんの提案は的確だからね。よろしくお願いします」

青山物産とは3年来の付き合いだが、今回初めて営業支援システムの導入が決まった。やはりクライアントの数字をしっかり把握して提案したことが効果的だったのだろう。

僕は会社に戻り、早速社内のロジスティクス部門に発注の電話をかけた。

「え、在庫が足りない？」

「はい、入荷まで2週間お待ちください」

僕は耳を疑った。これまで入荷にそんなに時間がかかったことはないのに、どうしてこんなときにかぎって在庫がないんだ？

「それは困ります。今週中にお届けするとお客さまにはお伝えしたので」
「そうですか。なるべく間に合うように試みますが、念のためお客さまには遅れる旨お伝えください」

僕は電話を切るとため息をついた。

「なんだよ、使えないな。在庫くらい十分に用意しておけよ」

困った。どうしたらいいのだろう。小林さんからロジスティクス部門に言ってもらって入荷を早められないだろうか。淡い期待を抱いて、僕は小林さんの机に向かった。

「松井くん、どうしたの?」
「今週中にお客さまにサーバーを納品する約束だったのに、在庫切れの状態なんです。どうしてこんなに在庫がギリギリなんですか? もっと十分に用意しておけばいいのに」

「そうね、どうしてだと思う？」

僕は質問に質問で返されて、一瞬返答に窮した。

「せっかく会計リテラシーを学んでいるところだし、自分で考えてみて」

「はい。えーと、在庫が多いと、売れ残ったときに困るってことでしょうか？」

「もちろんそれもあるわね。**不良在庫**[*65]になったら損失覚悟で処分しないといけないから。でも売れ残るリスクの少ない商品であっても、在庫は過剰に持つべきではないの。なぜかわかる？」

在庫を過剰に持つべきでない理由。在庫が増えれば資産が増える。そうすると効率が悪化するということだろうか。

「資産が増えてしまって、資産効率が悪化するからでしょうか」

＊65　工場、倉庫や小売店等に長期間、在庫として売れずに残っているもの。

「その通りよ。在庫が増えれば**ＲＯＡ**[*66]は悪化する。ＲＯＡは総資産に対する利益の割合だからね。でもそれはまだ頭で考えた教科書通りの答え。もっとリアルに在庫の意味をイメージできるといいわ」

「在庫の意味をイメージ？」

「在庫だけでなく、**会社の中のお金の流れをもっとダイナミックにイメージして、感じてみて**。それができると、『在庫くらい十分に用意しておけ』なんて発言は出なくなると思うわよ。それに……」

「それに？」

「『使えない』っていう表現はやめたほうがいいと思うわよ」

そう言うと小林さんは課長会議に行ってしまった。

たしかに、使えないという表現はよくなかったかもしれない。これだから僕は人の力を借りることができないのか。

僕は「人的資本のＢ／Ｓ」を見てため息をついた。この人的資本には、ロジスティクス部門など会社の他部署の人たちも含まれるのだろう。彼らを使えないと評価していたら、彼らの力も借りられなくなってしまう。

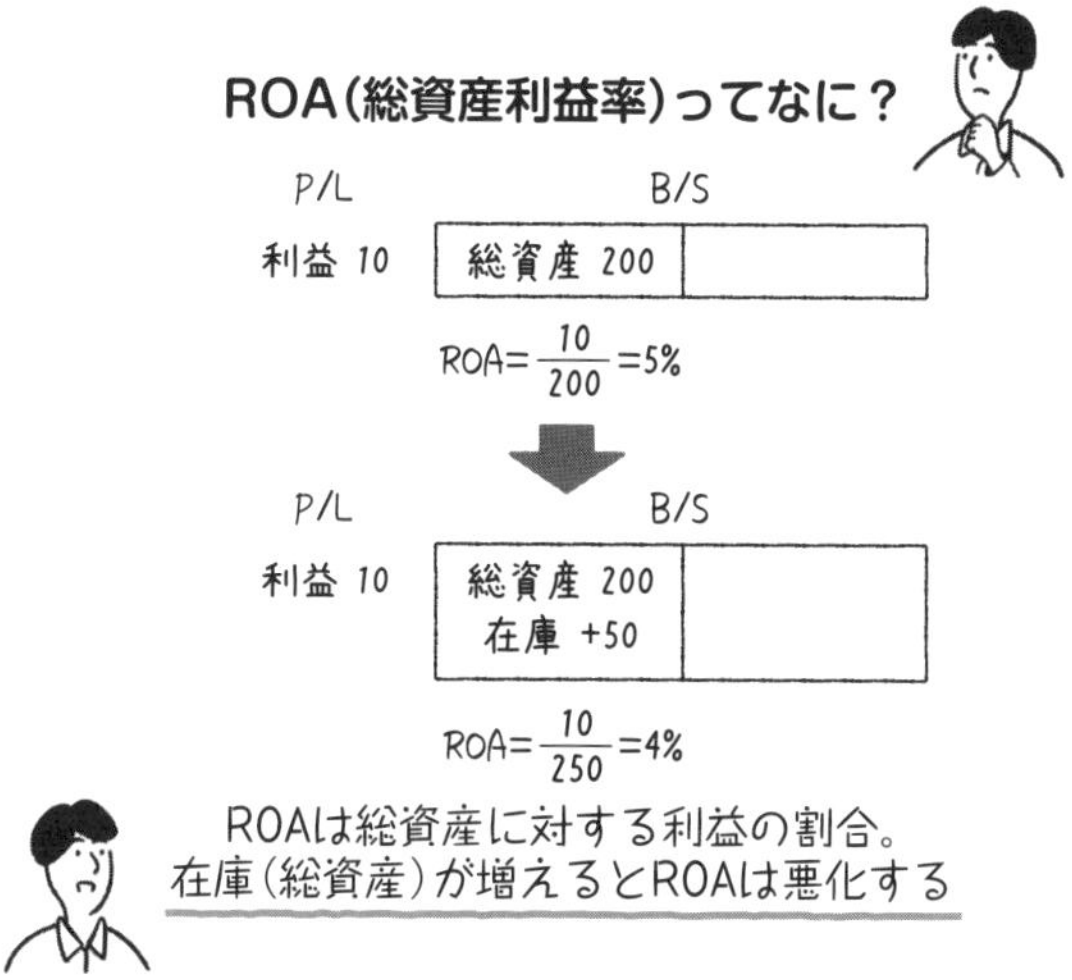

僕は反省した。こんなとき小林さんなら、他部署の人たちに協力してもらってうまく切り抜けるのかもしれない。

それに、小林さんは他にも気になることを言っていた。お金の流れをダイナミックにイメージする。どういう意味だろうか？

考えている暇はない。青山物産に納入まで2週間かかることを伝えなければ。

僕は気が重くなりながら受話器を取った。

＊66　Return on Asset。総資産利益率。総資産に対する利益の比率であり、資産を有効活用できているかの指標。

■お金が姿を変えていく旅をイメージする

仕事を終え、渋谷ヒカリエで昨日と同じティラミスを買い、家の近くのコーヒーショップでエスプレッソを買って帰宅した。

「おお！　ティラミス＆エスプレッソ！　もう最高の組み合わせやな」

パチョーリはニコニコして出迎えてきた。僕が紙袋をテーブルの上に置くや否や、箱を開け、気づいたらもう食べ始めている。

「いやあこのひと口のために生きとるなあ。このティラミスの甘さとエスプレッソの苦味のマリアージュが最高やなあ」

パチョーリは本当に幸せそうにエスプレッソをすすっていた。

「はあ、うまかった。これこそ人生の醍醐味やな。おおきに」

「そんなにおいしそうに食べていただけると僕もうれしいです」

　パチョーリが喜んでくれるのは僕も素直にうれしい。


「さてと、じゃあ今日は、お金の流れについて話していこうか。お金の流れをリアルにイメージすることが大事やからな」

「お金の流れをイメージ！　はい！　それを知りたいです」

　まさにそれが今日小林さんに言われたことだ。偶然だろうか？　いつも思うのだが、パチョーリは小林さんと通じているのか？


「調達したお金にはコストがかかっとる。せやから資本コスト以上にお金を増やす責任がある。ここまではええな」

「はい、それは理解できています」

「その**調達したお金は、事業活動の中で、いろんなものに姿を変えていくんや。**

このお金が姿を変えていく旅をリアルにイメージできることが大切やな

「お金が姿を変えていく旅、ですか？」

「そうや。お金は建物になったり、備品になったり、原材料になったり、それが加工されて製品になったりするな」

僕はお金がそのように姿を変えていく様《さま》をイメージした。

「会社の中で行われる事業活動には、基本的にすべてお金がかかっとる。つまり**会社が調達したお金は、さまざまなものに投下されて、姿を変え、活かされて、価値を生み出していく**ってことや」

お金が姿を変えていく①

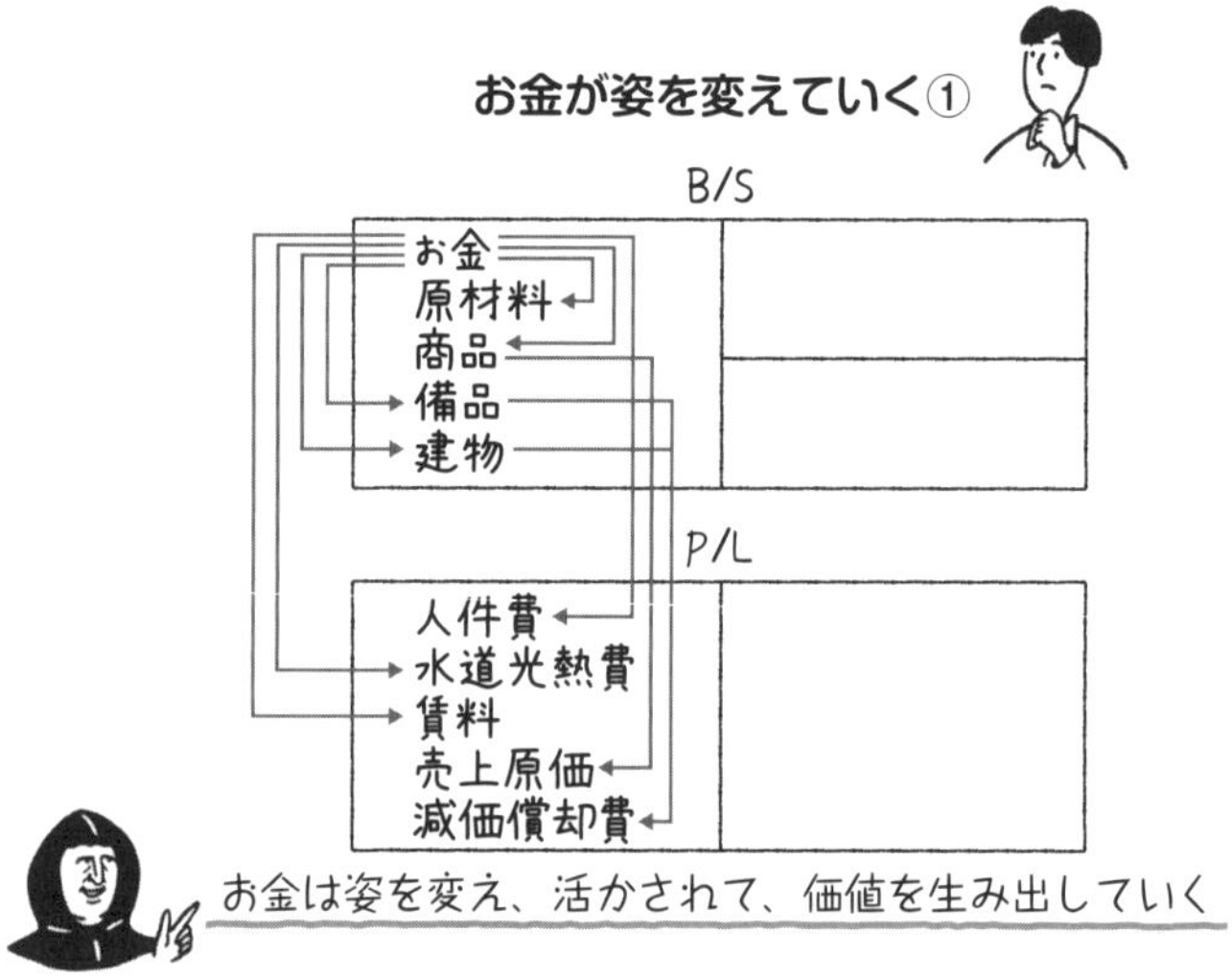

建物や備品や原材料や製品も、すべてお金が姿を変えたもの。そう言われればその通りだ。いままでそんな視点で捉えていなかった。

「お金が建物に姿を変えたあとは、**減価償却**[*67]の手続きによって減価償却費として配分されて損益計算書の費用になる。他にもお金が商品に姿を変えたあとは、売れた分が**売上原価**[*68]として配分されて損益計算書の費用になる。そうやってお金は姿を変えながら、価値を生み出し、お金を生み出していくんや」

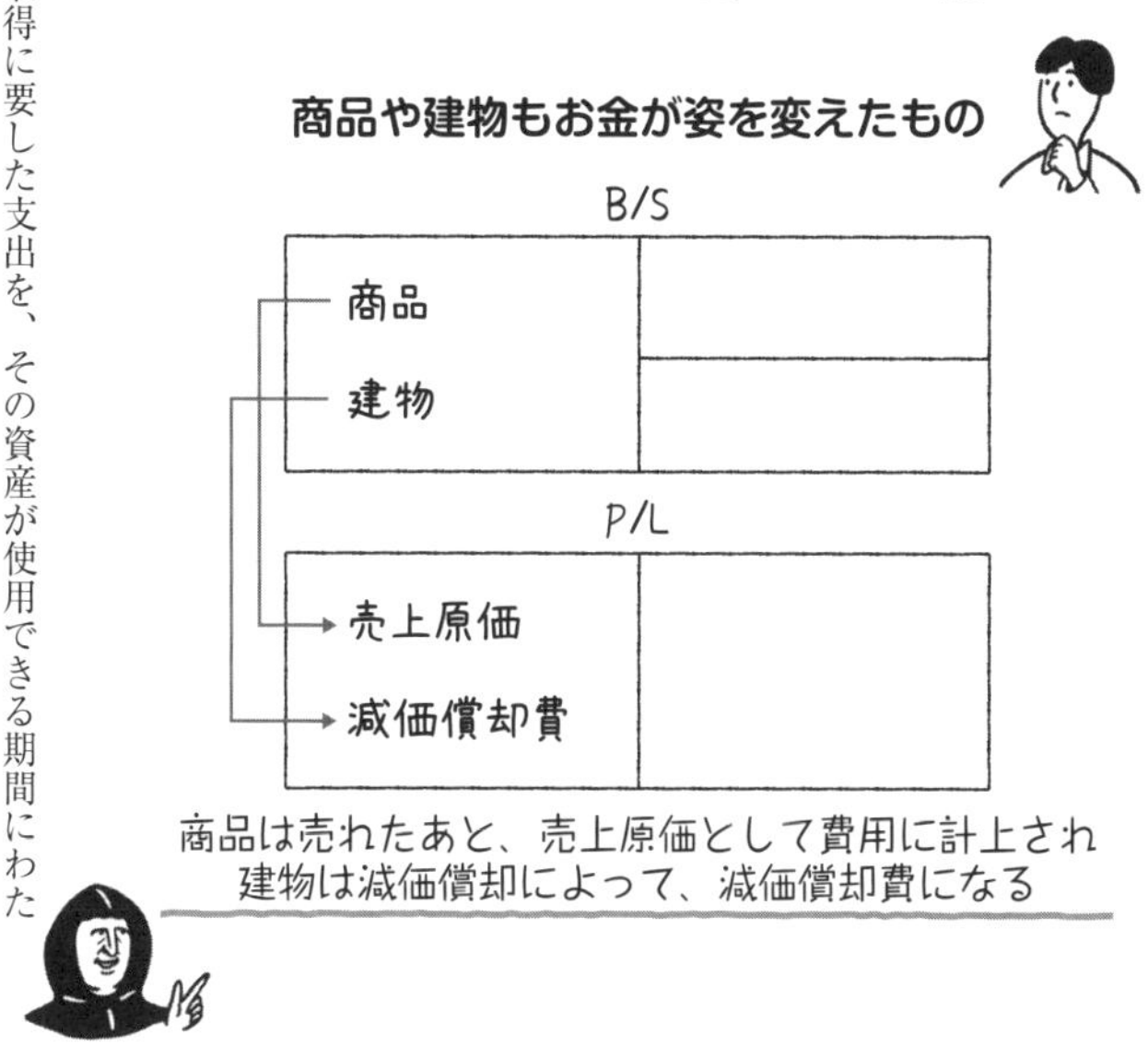
商品や建物もお金が姿を変えたもの
B/S
商品
建物
P/L
売上原価
減価償却費
商品は売れたあと、売上原価として費用に計上され
建物は減価償却によって、減価償却費になる

＊67　長期間にわたって使用される固定資産の取得に要した支出を、その資産が使用できる期間にわたって費用配分する手続き。

＊68　売れた商品の仕入れや製造にかかった費用。

パチョーリは図を描きながら説明した。

「そうやって資産に姿を変えてから費用になるものもあれば、給料とか光熱費とか家賃みたいに、すぐに費用になるものもある。そして最終的には、商品やサービスが売れてお金として戻ってくるんや。壮大な旅路やな」

「なるほど、こうして見るとお金の流れがすごくダイナミックに感じられますね」

「せやろ。このお金の流れをイメージすることが大切なんや」

そう考えると会計数値がまったく違って見えてくる。パチョーリの言う会計の奥深さが少しわかってきた気がする。

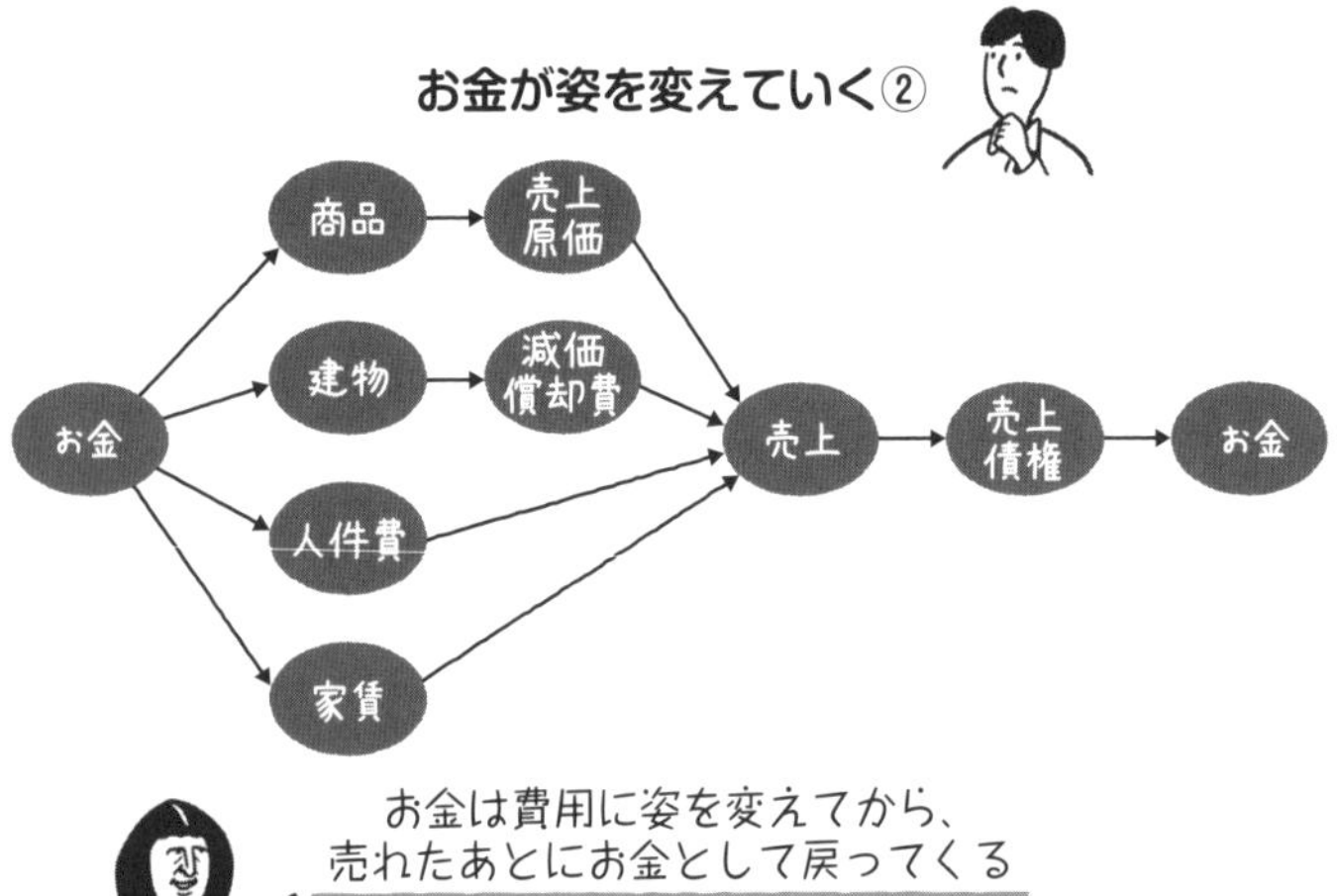

お金は早く戻ってくるほうがいい

「そのお金の流れのイメージについてなんですけど、今日仕事で、『在庫くらい十分に用意しておけよ』と言ったら、上司の小林さんにお金の流れをイメージしろと言われたんです」

「それはどういう意味やと思う？」

「それがよくわからなくて。在庫を過剰に持つべきではないとも言っていました」

「お金は在庫に姿を変えるよな。つまり**在庫が大量にあるということは、お金が在庫のまま留まっとるっちゅうことや**」

「在庫のまま留まってる……」

僕はお金が在庫になったまま留まっている姿をイメージした。

「**お金はな、いろんなものに姿を変えるけど、なるべく留まらずに早くお金として戻ってくるほうがええんや**」

「早く戻ってくるほうがいい？」

「そらおまえ、100万円投資して、それが明日110万円になって戻ってくるのと、1年後に110万円になって戻ってくるの、どっちがうれしい？」

「それは明日戻ってくるほうです」


僕は即答した。早いほうがいいに決まっている。


「せやろ。お金はなるべく早く戻ってきたほうがええ。同じ110万円でも、明日入ってくる110万円と、1年後に入ってくる110万円では、前者のほうが価値が高いんや。**早く戻ってくれば、そのお金をまた投資して、お金を活かして、お金を増やせる**からな。逆にお金として戻ってこないかぎり、そのお金は固定されたままや。お金が死んどる状態やな」

「そうか。お金を次の投資に回すためにも、早く戻ってきたほうがいいんですね」

「その通りや。商品を仕入れてから売れるまでの速さを示す指標が、『**商品回転率**[*69]』やな。売上高を商品の在庫高で割って求める指標や。この回転が速いほど、

なぜ、回収は早いほうがいいの？

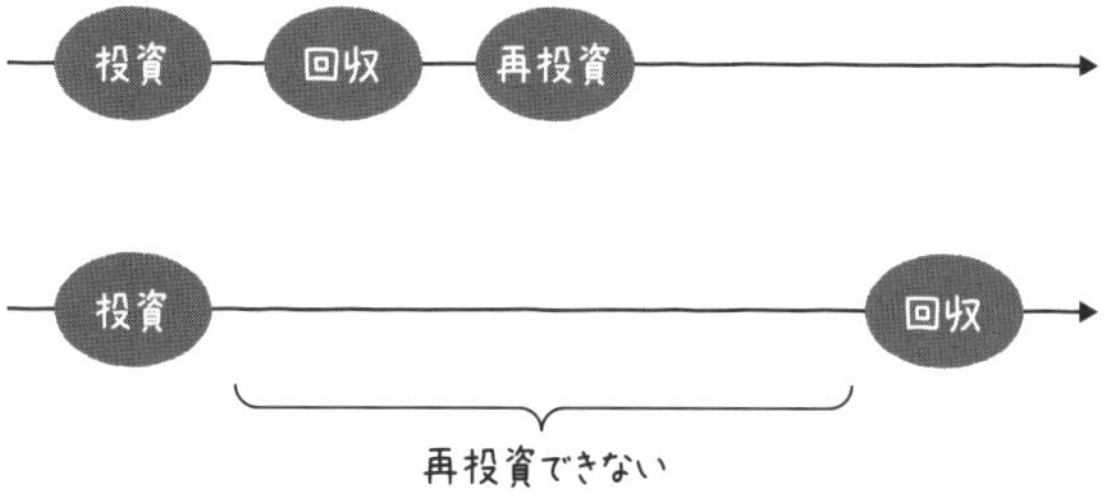

お金が早く戻ってくれば、早く再投資できるから

商品が売れてお金として戻ってくるスピードが速く、その分だけお金が増えるってことや」

そう言えば決算書分析で回転率というのを習った気がする。なぜ回転というのかよくわからなかったが、そういうことだったのか。

「この回転率は大きいほうがええ。同業他社で比較して、回転率が大きい会社はそれだけ資産を有効活用していると言えるんや。回転率っちゅう名前やけど、回

＊69　一定期間内に商品がどれくらい売れたかを示す指標で、一般的に売上高（あるいは売上原価）を平均在庫高で割った計算式で求められる。「在庫回転率」とも言う。

転数のほうがイメージしやすいかもな」

「回転が多いほどお金の回収が早いってことですね」

「そういうことや。回転率の逆数で、在庫を売上高で割って求めるのが回転期間やな。回転期間は1回転するのに何日というように日数や月数で表すからイメージしやすいで」

「たしかに何日というとイメージしやすいですね」

「回転率が大きい、または回転期間が短いほうが、お金が在庫に変わってから、在庫が売れてお金になって戻るまでが早いっちゅうことや。在庫が多いと、なかなかお金として戻って来うへん。場合によっては不良在庫になるリスクもある。


商品回転率ってなに？

商品回転率 ＝ 売上高 1200 ／ 商品 200 ＝ 6回転

商品を仕入れてから売れるまでの速さを示す指標。
回転が多いほどお金の回収が早い

だから在庫はなるべく少ないほうがええんや」

「なるほど、在庫を十分に用意しておけというのは、回転率を無視した考え方だったのですね」

「ただ在庫が少なすぎると、今度はお客さまが欲しいっちゅうときに在庫がなくて売り逃がしてしもうて、機会損失になることもある。だから在庫管理っちゅうのは、売れ筋を予想せなあかんし、そんなに簡単やないんやで」

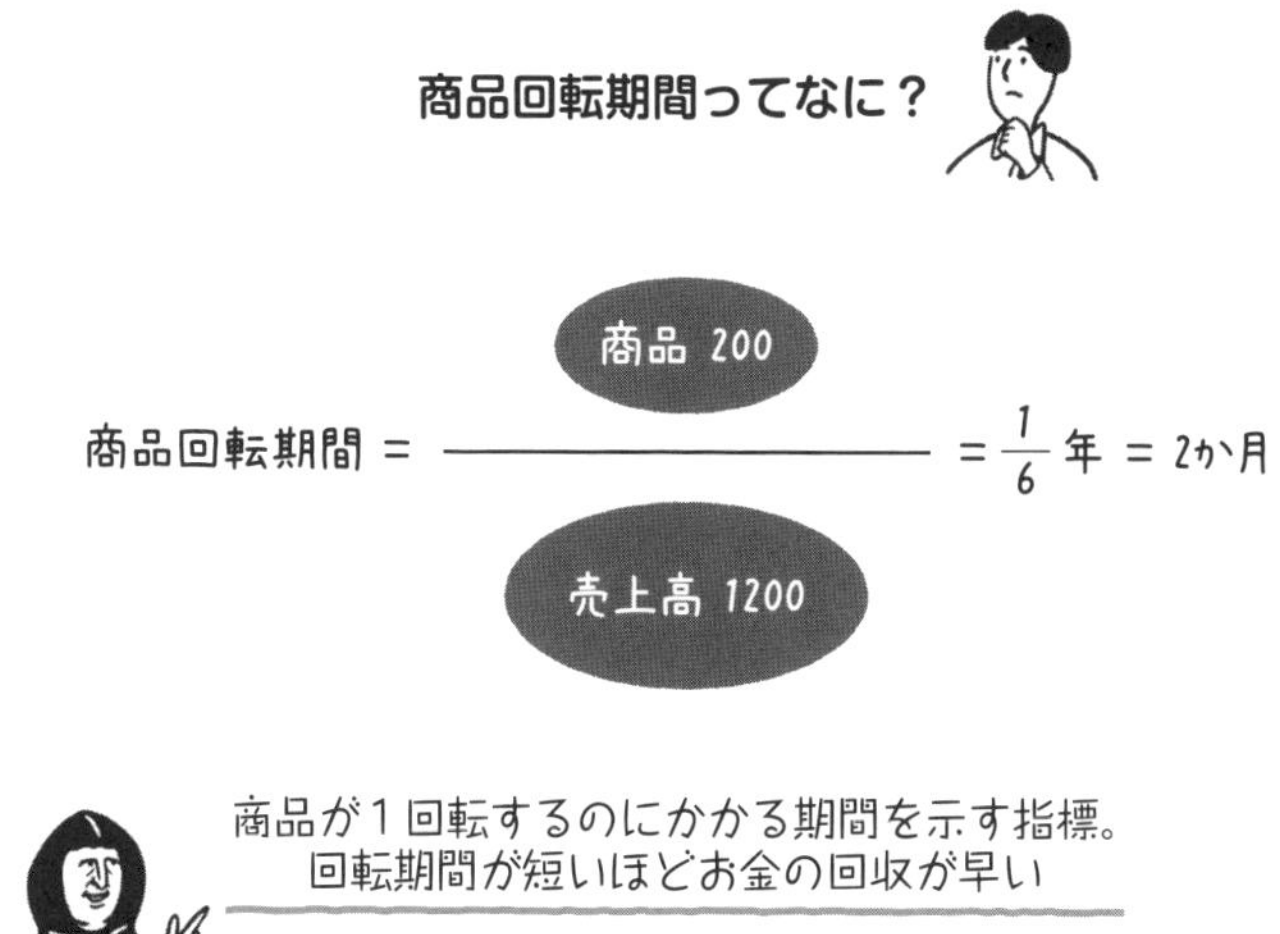
商品回転期間ってなに？
商品回転期間 ＝ 商品 200 / 売上高 1200 ＝ 1/6 年 ＝ 2か月
商品が１回転するのにかかる期間を示す指標。
回転期間が短いほどお金の回収が早い

■倒産する会社の4割は「黒字倒産」

「**売上債権**[*70]も同じやな。売上債権もなるべく早くお金に変わったほうがええ。これが滞留すると**貸倒れ**[*71]のリスクが高まるからな。せやから売上高を売上債権で割って求める売上債権回転率も、なるべく回転数が大きいほうがええっちゅうことやな」

僕は債権回収が滞っているクライアント先のことを思い出した。業績が悪化しているという話は聞いていたのに、営業ノルマ達成のために無理して売り込んでしまったのだが、結局代金は回収できていない。

たとえ売上が増えても、最終的にお金として回収できなければ意味はない。そしてそのお金に変わるまでの期間が長くなるほど、貸倒れのリスクも高くなる。

「売上債権回転率が悪化すると、**黒字倒産**[*72]のリスクも高まるんや。黒字倒産については知っとるか？」

黒字倒産？　黒字なのに倒産するってことか？

「損益計算書では黒字なのに、資金繰りが悪化して債務の返済ができなくなって倒産することやな。黒字倒産はめずらしいことやなくて、統計を見ると、倒産する会社の４割くらいは黒字なんやで」

「えっ、黒字で倒産する会社ってそんなにあるんですか」

僕は驚いた。半分近い会社が黒字の状態で倒産しているなんて。

「なぜそんなことが起きるんですか？　会社は赤字が続くと倒産するのだと思っていました」

「会社はどれだけ赤字が続こうと、現金さえ回っていれば倒産せえへん。倒産す

＊70　商品を得意先に信用販売したことによる売上代金の未回収額であり、代金を受領する権利のこと。手形を保有している場合には「受取手形」、そうでない場合には「売掛金」として区別される。

＊71　売掛金や貸付金などの債権が、倒産などの理由で回収できず損失となること。

＊72　売上は上がっているが手元にキャッシュがなく、債務の返済などができなくなり倒産すること。

るのは、資金繰りが行き詰まって債務を返済できなくなったときや」

「そうなのですね。でも黒字なのにどうして資金繰りが行き詰まるなんてことがあるんですか？」

「その1つの原因が、売上債権の滞留や。売上が上がれば損益計算書上はプラスになり、黒字にもなる。でも売上が上がっても現金が回収できていなければ、手元の現金が枯渇して、債務の支払ができなくなって倒産してしまうんや」

売上債権の回収が滞ることが会社の倒産につながるなんて。僕は営業成績さえ達成すればいいと思っていたけど、回収までしっかり考えなければいけなかった

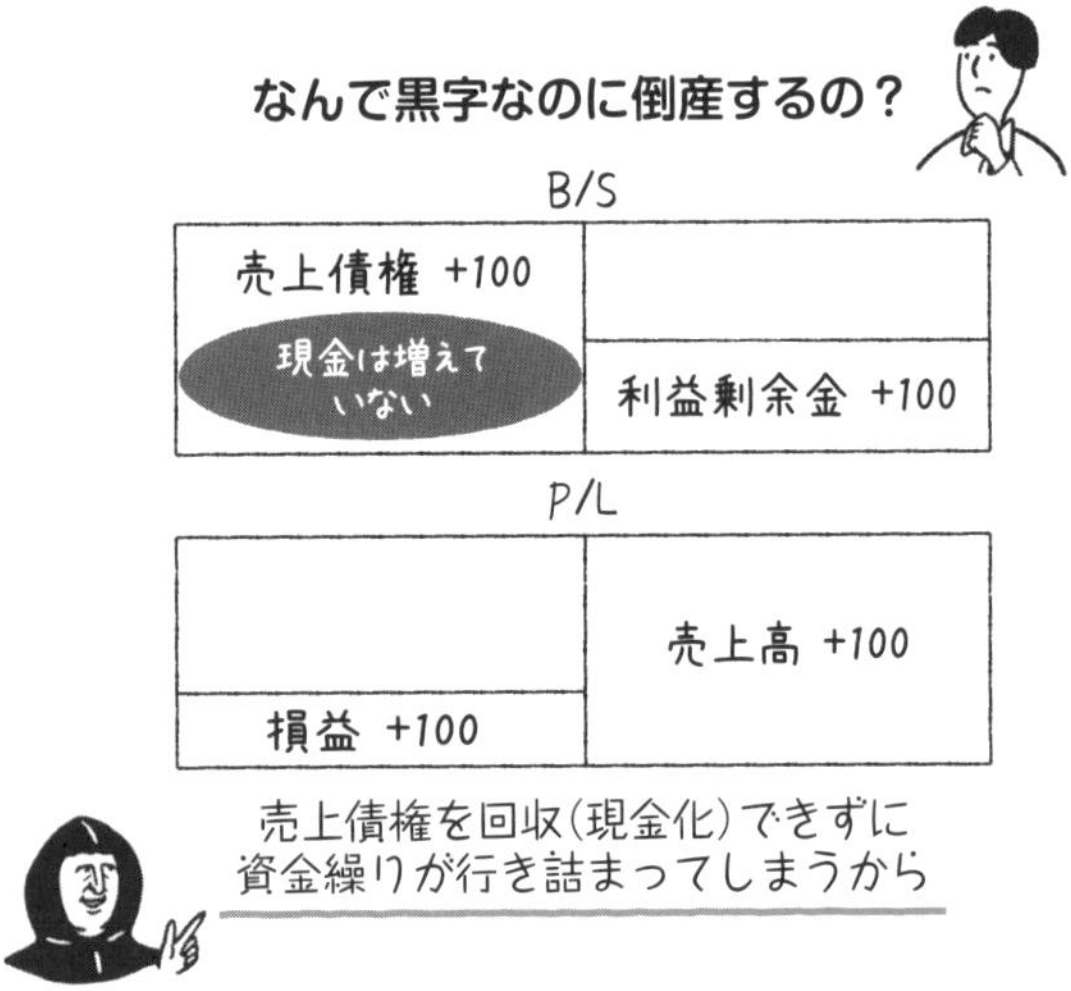
なんで黒字なのに倒産するの？
B/S
売上債権 +100
現金は増えていない
利益剰余金 +100
P/L
売上高 +100
損益 +100
売上債権を回収(現金化)できずに資金繰りが行き詰まってしまうから

んだ。

■「入金」を早く、「出金」を遅く

「在庫にしても売上債権にしても、なるべく早くお金として戻ってきたほうがええ。反対に、お金を支払うのは、なるべく遅いほうがええ。入金を早く、出金を遅くすれば、キャッシュフローに余裕ができるからな」

「入金を早く、出金を遅く、ですね。そうすればお金に余裕ができますね」

「キャッシュに余裕ができれば、そのキャッシュでまた投資もできる。つまり**入金を早く、出金を遅くするのは、新たにお金を調達するのと同じインパクトがあるってことや**」

「新たにお金を調達するのと同じってどういうことですか？」

「そらおまえ、回収が遅くなったら手元にお金がないのに対して、回収が早ければ手元にお金があるんやから、それはお金を新たに調達したのと同じことやろ。そのお金を投資すればさらにお金を活かしてお金を増やせるんやで」

回収を早めるだけでお金を新たに調達するのと同じ効果があるなんて。回転率を上げるとはそういうことだったのか。

「日本企業はこの辺が甘いけど、外資系の企業[*73]なんかシビアやな。だからキャッシュフローに余裕ができて大きな投資もできるんや。アマゾンやアップルなんかは支払いの何週間も前に売上代金を回収しとるんやで。これはすごいことや。だからこそ大胆に投資ができるとも言えるな」

そう言えば以前外資系の会社と取引した際、やたらと長い支払サイトを提案されたことがあった。そのあたりも外資の

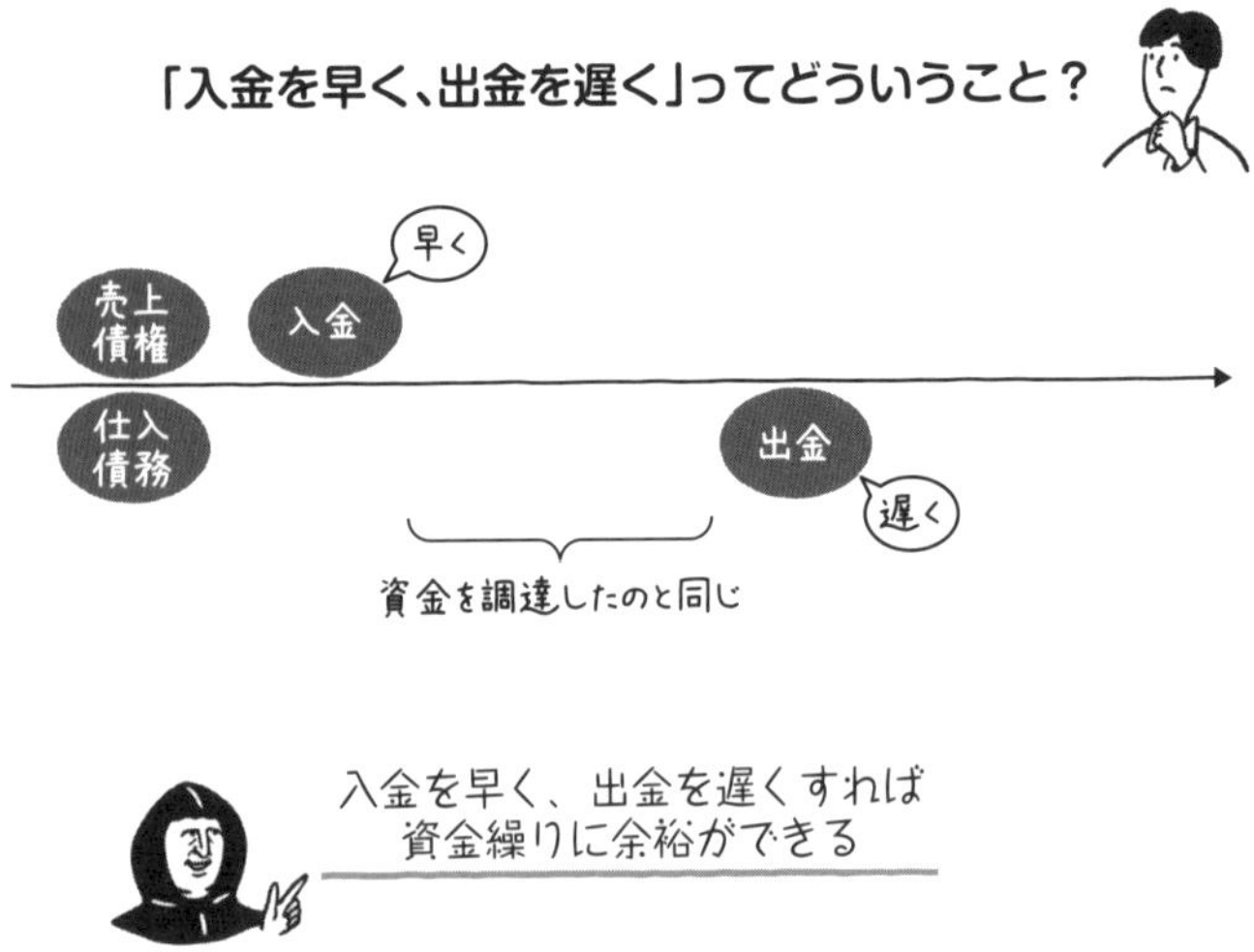

「入金を早く、出金を遅く」ってどういうこと？
早く
売上債権
入金
仕入債務
出金
遅く
資金を調達したのと同じ
入金を早く、出金を遅くすれば
資金繰りに余裕ができる

強さの要因なのか。

「まあ**実生活では、支払いをあんまり先延ばしすると信用を失うからな。そこは早めに支払ったほうがええ。**ただ入金を早く、出金を遅くすることは、お金を調達するのと同じ意味があるということは覚えとくといいで」

「はい、わかりました」

「**こうやって回転率や回転期間を考えることは、会計数値に時間軸を取り入れることでもある**な。この時間軸はすごく大切な視点やで。ビジネスにおいては、時間は最大の資源の１つやからな」

時間は最大の資源か。たしかにそうかもしれない。

「同じ経営判断でも、タイミングを間違えれば結果はまるで変わる。そして経営

＊73　アマゾンやアップルはそれにより潤沢なキャッシュを生み出しているが、逆に言うとそれだけ取引先に負担を強いているとも言える。

判断を実行するにはお金がいる。つまり、**お金をなるべく早く回すということは、経営判断の時機を逸さないということでもあるんや**」

「経営判断の遅れは致命的ですものね」

「経営判断には、必ず資金的な裏付けがいる。**経営戦略と財務戦略は表裏一体っ**ちゅうことや。営業の仕事をしとるおまえが売上債権や在庫の回転率を高めることは、会社の経営判断にも影響があるっちゅうことやで」

そうだったのか。ただ売上のノルマを達成すればいいと考えていたけど、いかに自分の視野がせまいかを思い知らされる気がした。

人生においても時間軸を意識する

「この時間軸の考え方は、人生においても同じことが言えるで。たとえば昨日、自己投資について話したやんか。10万円払ってなにかを学びに行って、その学びを活かしてすぐに行動してなにかしら収入を増やすのと、いつか役に立てばいいかと思って学んだことを放置して3年後くらいにようやく収入が増えるのと、どっちがええ?」

「それはもちろん前者です」

「当然やな。お金を活かすことが大事っちゅう話を散々しとるけど、そこに時間軸を取り入れることが大切なんや。いつか成果を生み出せばいい、いつかお金が増えればいい、と思うんやなくて、**回転率を意識して、スピード感を持って価値を生み出し、お金を増やしていく**んや。成功しとる奴は、時間の捉え方が違う。**人生においても時間がもっとも大事な財産**やってことを自覚しとるんやな」

「人生においても時間がもっとも大事な財産……」

人生において時間が一番大事なんて、考えたこともなかった。時間なんていくらでもあると思っていた。でも小林さんをはじめ、結果を出している人たちは時間に対する感覚も僕とは違うのかもしれない。

「そらそうやろ。時間はお金では買えへんからな。せやのに**多くの人は、お金を時間で買っとる**。つまり自分の時間を切り売りしとるんや。そうやなくて、自分の時間の生産性を高めること、**自分の時間がどれだけの価値を生み出し、お金を**

生み出せるか、をつねに意識せなあかんで」

「そんなこと、考えたこともありませんでした」

「いまからでも遅うない。今日から時間軸を意識していけばええんや。人生は有限やからな」

人生は有限……。つい忘れてしまうけど、本当にその通りだ。

「お金がなにかの形に留まったままというのは、そのお金が活かされてないっちゅうことや。お金は有効に活かさなあかんで。お金はうまく活かせばすごい働きをするからな」

「はい。お金を活かしていきたいです」

「**お金をうまく活かせば、人を幸せにするし、世の中の問題を解決するし、さらにお金を増やせる**んや。仕事でも人生でも、お金の流れをイメージして、お金を活かして、お金を価値に換え、お金と幸せを増やしていく。そしてその回転を可能なかぎり速めて、お金と時間を有効活用していく。それを仕事と人生で意識していけば、自分も周りももっと幸せになっていくからな」

「それも会計リテラシーなのでしょうか」

「そうや。本当に会計の考え方を活かしとる奴は、**自分の人生の中でつねに時間軸を意識して、どれだけの速さで成果を生み出し、それをお金に換えていくかを意識しとるで**」

そうかもしれない。でもそんなふうにいつもスピードを意識していたら、息が詰まってしまいそうだ。そんなにあくせくしたくはない。

「時間軸を意識することは大切だと思いますが、いつもそんなにあくせくしていたら疲れてしまうのではないでしょうか」

「そうやないで。むしろ**時間軸を意識し、成果を出すスピードを意識するからこそ、ゆとりを持ってリラックスして生きられる**んや。時間軸の意識がない奴ほど、いつも忙しそうにしとるで」

たしかに小林さんも、仕事は速いのにあくせくしている感じはない。むしろリラックスしている。僕もあんなふうになりたい。

■生み出したい価値に日付を入れる

「昨日つくった『人的資本のB／S』やけど、左側の『どんな価値を生み出したいか』については考えてみたか？」

「すみません、ちょっと仕事が忙しくて手をつけられていません」

「そこが時間軸の意識が欠けとるとこやな。**重要やけど緊急性がないことほど、意識して優先的に取り組まなあかん**で」

その通りだ。せっかくパチョーリに教えてもらって、実践すると誓ったのに、自分が情けなくなる。

「そんな暗い顔をせんでええ。自分を責めてもなんにもならんからな。もっと軽やかにいこうや」

「は、はい。そうですね」

パチョーリはどうしてこんなに軽やかなのだろう。時間軸の意識があるからなのだろうか。

「そんなら、どんな価値を生み出したいのか、完璧でなくてもええから、いま思いつくことを書いてみようか」

「わかりました」

そうは言ったものの、まるでイメージがつかない。僕はどんな価値を生み出したいのか？　僕はいったいこの人生でなにをしたいのだろうか？

「まずは昨日書いた、右下の自己資本、おまえの経験や知識から考えてみ」

僕の手が止まっているのを見て、パチョーリは言った。

「はい。僕の経験と知識は、大学では会計を学び、いまこうしてパチョーリさんから会計リテラシーも学ばせてもらっています。会社では営業支援システムの営業を4年間やってきました」

「せやな。それは立派な経験や。じゃあ**仕事でなにをしてるときに喜びを感じるんや？**」

仕事で喜びを感じる？　そんなこと考えたこともなかった。

「そうですね……、やっぱりお客さまから受注できたときや、お客さまに提案を喜んでいただけたとき、感謝されたときはうれしいです。ただ……」

「ただ、なんや？」

「本当にうちのシステムが役立っているのか、疑問を感じるときもあるんです」

そうなのだ。自分で営業していて言うのもなんだが、実際に使ってみて、便利な部分もあるがそこまですばらしいシステムとも思えない。自分が本当にいいと思っているわけではないシステムをお客さまに勧めることに、いつも違和感を覚えていたのだ。

■制限を取り払って「本当にやりたいこと」を考える

「なるほどな、おまえは本当はもっとお客さまの役に立ちたいんやな」

「そうなんです。それがいまの会社では難しいというか」

「それはホンマか？　まだいまの会社でもできることはあるんと違うか？」

いまの会社でもできることはある。本当だろうか？

でも言われてみればそうかもしれない。僕は自分で自分を制限して、勝手に諦めていたのかも……。

「**制限を取り払って、本当になにをしたいかを考えてみ。**それは会社の中でもええし、会社の外でもええ。**いまのおまえにできるかは関係あらへん。他人資本、人の力を借りればええんやからな。**人の力を借りれば、できないことなんてほとんどないで」

「人の力を借りればできないことはない。その通りですね」

「ええか、おまえの可能性は無限なんやで。よく『可能性は無限だ』っちゅうけど、それはおまえがなんでもできるっちゅう意味やない。誰にもできることとできないことがあるからな。そうやなくて、**人の力を借りれば可能性は無限**やっちゅうことや。どうや？　おまえが人の力を借りてなんでもできるとしたら、なにをしたいんや？」

僕は昨日書いた、他人資本に名前を挙げた人たちのことを思い浮かべた。

「僕は……、パチョーリさんから教えていただいている会計リテラシーを活かして、もっとお客さまが幸せになるような提案をしたいし、なんと言うか、人がもっと輝くようなことをしていきたいです」

「最高やな。じゃあそれをB／Sの左側に書いてみ。そんで、なにからやっていくか、日付を記入するんや。それが時間軸を意識することやからな」

「わかりました。でもなにからやっていくか、まるでイメージが湧かないです」

「スモールステップからでええんや。たとえばわからないことを調べるとか、人に聞くとか、そんなことでもええ。大切なのはそこに日付を入れて、時間軸を意

松井の「人的資本のB/S」

〈資産〉	〈他人資本〉
会計リテラシーを活かしてお客さまが幸せになる提案をする 人が輝く支援をする 小林さんがどんな想いで営業をしているのかを聞く（10/15） 岡田と工藤に自分の想いを伝えてみる（10/17） 石川に会計リテラシーについて教えてみる（10/18）	小林さん　前田 岡田　渋谷 工藤　両親 石川 〈自己資本〉 会計の知識 営業の経験 会計リテラシー

人生でも日付を入れて時間軸を意識する

識することや」

「なるほど、それくらいならできそうです」

僕は資産の部に、小林さんがどんな想いで営業をしているのかを聞く、同僚の岡田と工藤に自分の想いを伝えてみる、部下の石川に会計リテラシーについて教えてみる、と書き、それぞれに日付を記入した。

「ええやないか。あとは書いたことを実践することやな。そんで実践する中でまたなにをしたらええかが見えてくるから、見えてきたらまたB／Sに日付とともに記入するんや」

「わかりました」

僕はたくさんの人の力を借りて未来をつくっていくような感覚になり、じわじわと感動していた。こんな感覚は初めてだ。

「**大切なのは感謝**や。他人資本に名前を書いた人たちや、それだけやなく、たくさんの人たちによって生かされとることへの感謝を忘れんことやな」

「そうですよね、本当にそう思います……」

僕は今日、ロジスティクス部門の人たちを使えないと言ってしまったことを思い出していた。

「どうしたんや？」

「じつは、在庫が足りないことに腹を立てて、他部署の人を、使えないと言ってしまったんです。もちろん相手に直接言ったわけではないですけど。それを小林さんに指摘されました」

「そら指摘するやろうな。レバレッジを活かす、他人の力を借りるっちゅうときに、**人を道具や手段のように考えていたら、絶対にうまくいかん**からな」

その通りだ。僕は他部署の人たちを、まるで道具や手段のように捉えていたのだ。

「そのロジスティクス部門の人がいなければ、おまえの仕事も成り立たんやろ。そこへの感謝を忘れへんことや。感謝していれば、使えないなんて発想にはならんからな」

「はい、本当にその通りだと思います」

僕は深く反省して言った。

「またそんな深刻な顔をしおる。もっと軽やかにいこうや。おまえはまだ若いんやし、ここから成長していったらええ」

「でも、時間軸を考えると焦ってしまいます」

「矛盾することを言うようやけど、人生はスピードを速めればええっちゅうもんでもない。のんびりゆったり構えることも大事や。『果報は寝て待て』っちゅうことわざもあるしな」

そのことわざはイタリアにもあるのだろうか？

「大切なのは、『人事を尽くして天命を待つ』っちゅうことや。**できることは時間軸を意識してやって、できんことはジタバタせずに待つ**ことや。とくに人の成長には時間がかかる。**自分の成長も、人の成長も、焦らずに信じて見守ることが大事や**」

パチョーリはしみじみと語った。

「あ、いまワシいいこと言うたやろ。明日もティラミスとエスプレッソ忘れんといてな」

「え、明日もですか！」

「当然や。あんなうまいティラミス、毎日食べても飽きんわ。じゃあ今日はこの辺にしといたろ」

そう言うや否や、パチョーリは洗面台に歯磨きに行き、そそくさとベッドに入っていびきをかき始めた。なんていう寝付きのよさだろう。

僕はパチョーリからの学びをノートにメモをして、ソファで毛布にくるまった。

第4章のポイント

事業活動は、お金の観点から見ると、お金が姿を変えていく旅路とも言えます。調達したお金は、建物や備品などの固定資産になり、減価償却を通じて費用化され、また人件費や水道光熱費や家賃などの費用にもなり、さらには商品になり、売れた分は売上原価という費用になり、売上債権になって、お金として回収されてきます。

このお金の流れをダイナミックにイメージすること、そしてそのお金の回転を速めることを意識することで、お金を有効に活かせるのです。

仕事においては、入金は早く、出金は遅く、を意識することでキャッシュフローが改善します。

キャッシュフローを改善することは新たにお金を調達するのと同じインパクトがあります。ここは日本企業が弱いところですが、アマゾンやアップルなどの外資系企業はここを徹底しています。だからこそ積極的な投資が可能になっているのです。

Point

もちろん実生活においては、あまり支払いを遅くすると信頼を失うので、投資したお金の回収を早めることを意識することが大切になりますね。

前章で説明した、調達したお金にはコストがかかっていて、資本コスト以上にお金を増やす責任がある、という会計リテラシーの考え方に、時間軸を加えることで、よりお金を有効活用でき、さらには人生を充実させられるのです。

そして、前章で説明した「人的資本のB／S」の資産の部に、自分がなにをしたいのか、どんな価値を生み出したいのか、そのためになにをしていくのかを記入し、そこに日付を記入していくことをお勧めします。

パチョーリが言うように、重要ではあるけど緊急ではないことは、ついあと回しにしがちです。そこに日付を入れることで、時間軸の意識を取り入れるのです。

一方で、人の成長に関しては、焦らず見守ることも大切です。とくに感謝を忘れてしまっては、人の力を借りることなどできません。感謝し、成長を待つことも、会計リテラシーの1つです。

第４章のまとめノート

■お金の流れ（旅）をイメージする

・お金は、資産や費用に姿を変えて
　商品が売れてお金として戻ってくる

・回転のスピードを速める！

・入金は早く、出金は遅く
　→調達と同じ効果がある

■人生でも時間軸を意識する

・生み出したい価値に日付を入れる

・スモールステップから
　人の力を借りれば可能性は無限！

・感謝！！

・焦らず信じて見守る

第5章

損益構造を把握して価値を創造する

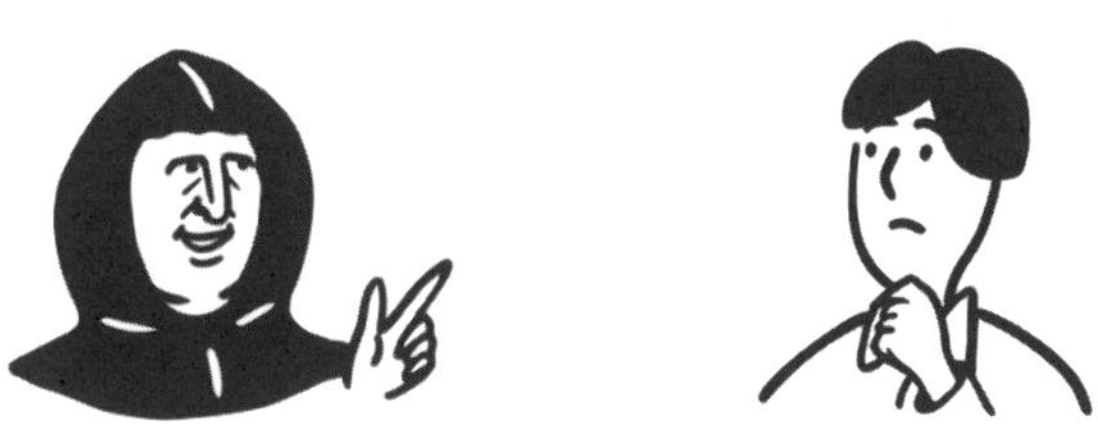

■値下げOKの製品、NGの製品

パチョーリに出会ってから2週間が経ち、僕の人生は少しずつ変化していた。無駄なことにお金を使わなくなったし、本当に自分が好きなことにお金を使うから幸せが増したし、時間軸を意識してお金を有効活用するようになった。月1万円ずつだけど積立投資とiDeCoもスタートした。

今月はいつもより多めにリボ払いを返済する予定だ。まずはリボ払いを完済しよう。15%の金利なんて高すぎる。

そして、ちゃんとお金を増やすための勉強をして、不動産や応援したい会社の株にも投資して、お金を活かしていこう。そうやってお金がお金を生み出すようにしたい。

さらに僕は、自分が入れた日付の通りに、やりたいことを少しずつ実践していった。

小林さんに、どんな想いで営業の仕事をしているのかを聞いたら、ランチに誘ってくれて、1時間じっくりと小林さんと話ができた。もう4年も一緒にいるのに、小林さんの想いをこんなにしっかりと聞いたのは初めての経験だ。人の想いを聞くってこんなにも楽しいことなのか。

同僚の岡田と工藤にも、飲みながら自分の想いを語ってみた。初めは茶化されたが、真剣に語ったら2人とも真剣に聞いてくれた。

そして部下の石川には、僕がパチョーリから習った会計リテラシーの知恵を教えてみた。石川は元々素直で教えやすかったのもあるが、人に教えること、人が成長するのを見るのはすごくやりがいがある。もしかしたら僕は、人に教えることが好きなのかもしれない。

そして驚くことに、2週間かかると言われていた青山物産のサーバーが5日で入荷して、提案した納期に間に合ったのだ。僕はただ、ロジスティクス部門の人たちにも心の中で感謝するようにしただけなのに。もしかして小林さんが動いてくれたのだろうか。

以前に比べて、仕事が明らかに楽しくなってきた。パチョーリの言う通り、この会社でまだできることは残っていると思う。先月の営業成績はパッとしなかったから、今月はなんとか目に見える成果を出すぞ。

僕が営業の準備を整えていると、小林さんが声をかけてくれた。

「松井くん、最近よくがんばってるわね」

「はい！　小林さんに言われて会計リテラシーを意識するようになったら、仕事も人生も楽しくなってきました」

「それはいいことね。今月はひょっとするとトップを狙えるんじゃない？」

「がんばります！」


今月も残り5日。いつも月間MVPを取っている宮田さんの数字に、かつてないほど肉薄している。初のMVPも夢じゃない。そのためにも今日の営業は大事だ。僕は気合を入れて得意先の豊山《とよやま》商事に向かった。

「松井さん、弊社としては、顧客検索機能が充実しているソフィアのほうがうちにフィットするかなと考えています」


ソフィアを選んできたか。ソフィアは最近取り扱いを始めた、新しい営業支援システムで、他社から購入したソフトウェアを**カスタマイズ**[*74]したものだ。

正直、ちょっと想定外だ。自社開発した一番売れ筋のマーキュリーを選ぶと思っていた。でも考えてみれば、ソフィア独自の顧客検索機能は、豊山商事のビジネスには合いそうだ。

「はい、このソフィアも御社には合うと思います」

僕はプレゼンテーション資料を広げて、ソフィア独自の機能を中心に説明した。

「松井さん、私どもとしても、御社にお願いしたい気持ちはあるんです。でもこの価格だと、なかなか稟議を通すのが難しいもので」

やはりそう来たか。ここ最近の営業で、豊山商事の収益率の推移や、収益性改善のためのシステム導入の意義など、会計数値を織り交ぜながら提案したことで先方との信頼関係は深まってきている。ここで思い切った値下げを提案すれば、きっといける。

＊74　用途や好みに合わせて、見た目や機能、構成といった製品の仕様を変更すること。

「具体的にどれくらいであればいけそうでしょうか？」

「そうですね、あと25％ほどお値下げが可能でしたら、私から役員に掛け合ってみます」

「25％ですね」


僕は腕組みをして考えた。先日は他社でマーキュリーを30％値下げして成約できた。今回提案しているのはソフィアだが、25％の値下げであればOKなはずだ。目先の契約額は減るが、それで豊山商事に食い込めるのなら、長期的に考えてここは値下げしても契約を取ったほうがいい。

「わかりました。それで僕も上を説得してみます」

「本当ですか。ありがとうございます。よろしくお願いします」

「お任せください。きっとご要望にお応えできると思います」


これはいける。この案件が決まれば今月MVPは確実だ。僕は好感触を得て帰社した。

「小林さん、豊山商事、いけそうです」

「本当？　あの豊山商事が？」

「はい、ただしソフィアの25％値下げが可能なら、ということです。ここは25％値下げしても取りにいくべきと思いますがいかがでしょうか？」

僕がそう言うと、小林さんの顔が曇った。

「ソフィアの25％値下げを提案したの？」

「はい。先日もマーキュリーは30％値下げしたので、今回も大丈夫ですよね？」

「いや、ダメよ」

僕は耳を疑った。ここは取りにいく局面ではないか？

「どうしてですか？　なぜマーキュリーは値下げOKで、ソフィアは値下げが認められないんですか？　どちらも利益率はさほど変わらないですよね」

「**利益率は同じでも、限界利益率**[*75]**が違う**のよ。先日のソフィア導入研修でも値下げは基本NGだと言っていたでしょ。聞いてなかったの？」

ソフィア導入研修……。あの研修のときは前日遅くまで飲んでいて、途中で居眠りしてしまったことを思い出した。そんな大事なことを聞き逃していたのか。

「すみません、聞き逃していたと思います」

「さては松井くん、寝てたわね。しっかりしてよ。ソフィアを25％も値下げしたら、限界利益は下手するとマイナスになって、売れば売るほど赤字になってしまうわよ」

「えっ、売れば売るほど赤字になる？　どういうことですか？」

僕はすっかり取り乱してしまった。それに、豊山商事とはせっかく信頼関係を築けてきたところなのだ。いまさら値下げができないなんて、いったいどうやって伝えたらいいのだろう。

「豊山商事には値引き可能と伝えてしまったのですが、どうしたらいいでしょうか……」

僕が青ざめていると、小林さんは僕の肩を優しく叩いた。

「いますぐ豊山商事に行きましょう。25％の値下げはできないことを伝えるのよ。心配しないでいいわ、私が謝るから」

「えっ。本当ですか」

「こういうのは早いほうがいいわ。なぜ値下げできないかについてはあとで説明してあげる。なにモタモタしてるの。行くわよ」

そう言うと小林さんはすぐにカバンを持って歩き出した。

＊75　売上高に対する限界利益の割合。売上高が増加したときに、限界利益がどれだけ増加するかの割合を示す。

小林さん、なんてかっこいいんだ。表現はストレートで厳しいところもあるけど、やっぱり頼りになる。僕も小林さんみたいに、部下のミスをカバーできる上司になるぞ。

値下げする前に「限界利益」を理解する

小林さんの誠意ある謝罪によって、豊山商事との関係は良好に保たれた。本当に助かった。危うく大失態を犯すところだった。

「小林さん、本当にありがとうございました。助かりました」

オフィスに戻り、僕は改めて小林さんに頭を下げた。

「気にしなくていいわ。積極的に提案したのはよかったわよ。でもせっかく会計リテラシーを学んでいるんだから、もっと個別商品の損益構造や**限界利益**[*76]も理解しておいてね」

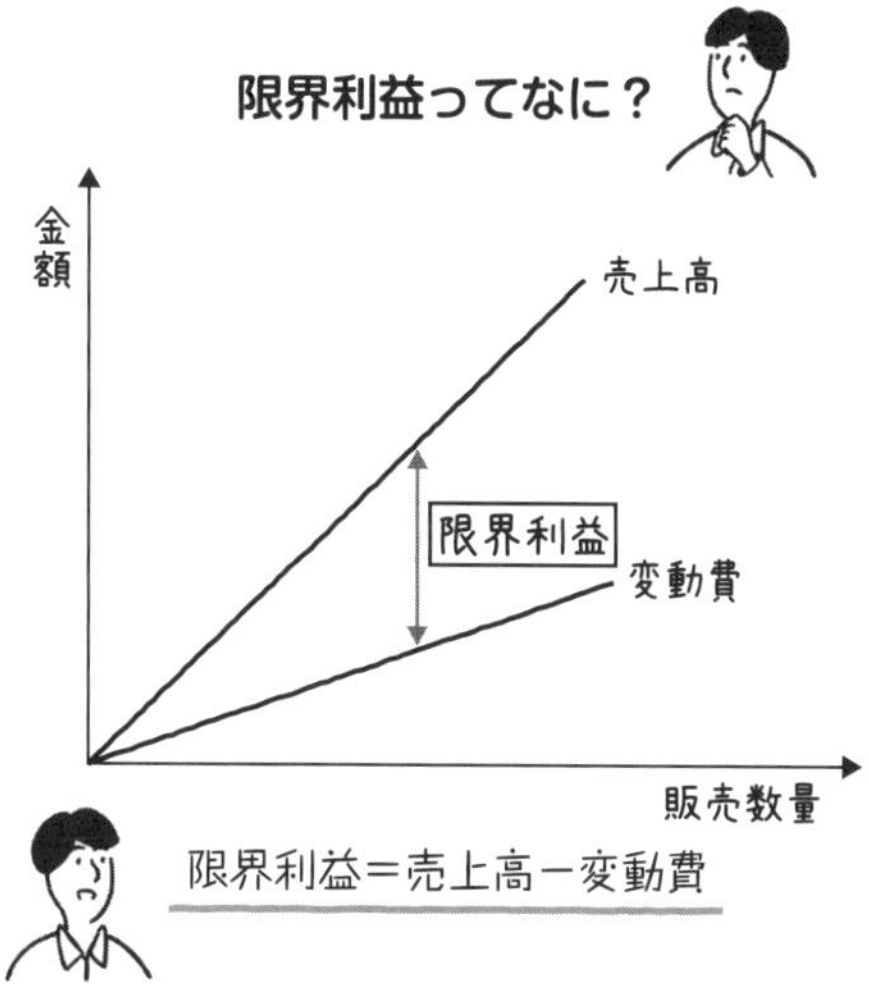

限界利益……。これも大学で学んだ気もするが、なんだっただろうか？

「すみません、『限界利益』ってどういう意味でしょうか？」

「あら、さっき会計リテラシーを意識するようになったと言ってたのに、限界利益も知らないの？」

「はい、すみません」

小林さんは近くにあったホワイトボードを引き寄せて、図を書きながら説明を始めた。

＊76　売上高から変動費を引いたもの。

「限界利益は売上から**変動費**[*77]を引いたものよ。変動費は、材料費のように売上に比例する費用のことね。売上高も変動費も数量に比例して増えるから、限界利益も数量に比例して増えるの。それはわかる？」

「はい。大丈夫です」

「じゃあマーキュリーの損益構造を見ていくわね。マーキュリーは自社開発したものだから、費用の多くを**研究開発費**[*78]、つまり**固定費**[*79]が占め、変動費は小さい、つまり限界利益が大きいのよ」

「はい」

「だからマーキュリーは、値下げしても限界利益を十分確保できる。限界利益さえ確保できれば、利益率は落ちるけど数

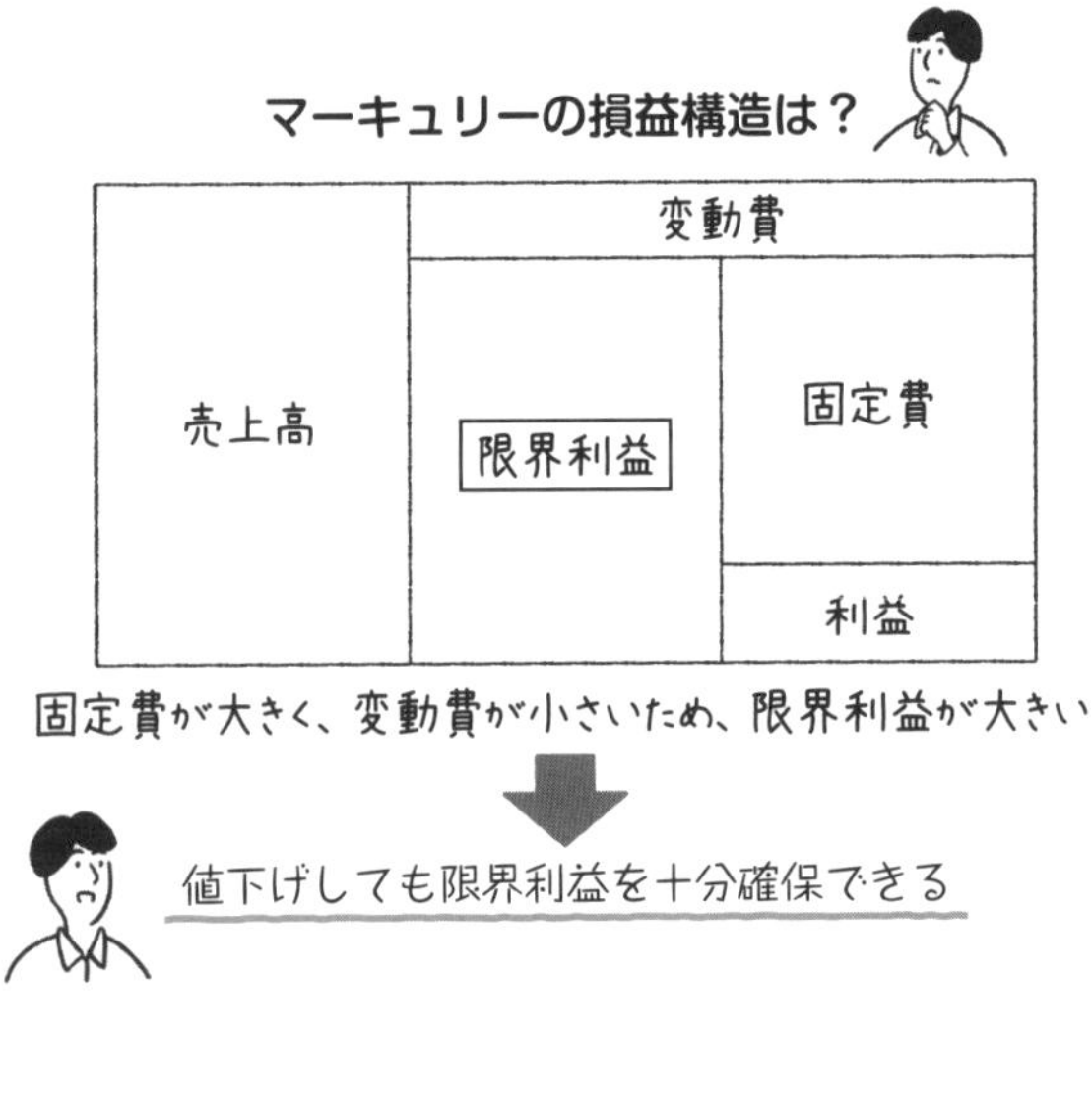

マーキュリーの損益構造は？
売上高
変動費
限界利益
固定費
利益
固定費が大きく、変動費が小さいため、限界利益が大きい
値下げしても限界利益を十分確保できる

量を増やすことで利益を増やせるのよ。極端な話、80%値下げしても限界利益は確保できるから、数量が増えさえすれば利益は増える。もちろん**損益分岐点**[*80]が一気に上がるから、そこまで値引きはしないけどね」

「すみません、80%値下げしても利益が得られる、というのがよくわからないです」

なぜソフィアは25%の値下げで赤字になり、マーキュリーは80%値下げしても大丈夫なのだろう？　どちらも利益率は大きく変わらないはずなのに。

「じゃあ実際の金額とは違うけど、わかりやすい数字で説明するわね。マーキュリーの販売価格を仮に1000円、変動費が100円、固定費が9000円だっ

＊77　売上の増減に比例して変動する費用のこと。
＊78　研究開発にかかる費用。厳密には「研究開発費等に係る会計基準」に細かく定義されているが、本書では限界利益の考え方を紹介する観点から、研究開発費については深入りしていない。
＊79　売上の増減にかかわらず発生する一定額の費用のこと。
＊80　売上高と費用の額がちょうど等しくなる売上高または販売数量のこと。損益分岐点を下回ると赤字、上回ると黒字になる。

たとすると、１個あたりの限界利益は９００円ね。この場合、マーキュリーは10個以上売れれば固定費を回収して利益になるわね」

　小林さんはホワイトボードを指さしながら言った。

「このマーキュリーを80％値下げして２００円で売ったとするわね。それでも変動費は１００円だから限界利益は１００円確保できる。利益率は大幅に下がるけど、１個１００円の限界利益があるなら、これを90個以上売れば固定費９０００円を回収して利益を生み出せるわね。だから極端な話、80％値引きして売上が９倍以上になる見込みがあるなら、80％値下げも経営判断としてはありね。実際には値下げによるブランドイメージ毀損とか既存顧客への影響とかいろいろ考えないといけないけど」

「なるほど、変動費が小さいから、80％値下げしても限界利益を確保できるってことですね」

「でもソフフィアは、他社から購入したシステムをカスタマイズしたもので、費用に占めるロイヤリティ使用料、つまり変動費の割合が大きいの。そのため限界利益が小さいから、値下げすれば限界利益に与える影響が大きいのよ。25％も値下げをすれば、限界利益はほぼゼロになってしまうの。**限界利益がゼロかマイナス**

なぜマーキュリーは値下げOK?

〈1000円で売った場合〉

売価 1000円	変動費 100円
	限界利益 900円

固定費 9000円

限界利益900円となり、10個以上売れれば、
固定費を回収して利益が出る

〈80%値下げして200円で売った場合〉

売価 200円	変動費 100円
	限界利益 100円

固定費 9000円

限界利益100円となり、90個以上売れれば、
固定費を回収して利益が出る

マーキュリーは変動費が小さいため
値下げしても限界利益を確保できる

の製品は絶対に売ってはいけないのよ。それはわかるわね？」

「はい。それでは何個売っても固定費は回収できないですね」

「その通りよ。わかりやすい数字で説明すると、仮にソフィアの販売価格を１０００円、変動費が８００円、固定費が２０００円だとすると、１個あたりの限界利益は２００円になる。さっきのマーキュリーの例と同じで、10個以上売れば利益になるわね」

「そうですね」

「でもこのソフィアを20%値下げして売価を８００円にしたら、限界利益はゼロね。限界利益がゼロの製品は、どれだけ売っても利益はゼロで、固定費は永遠に

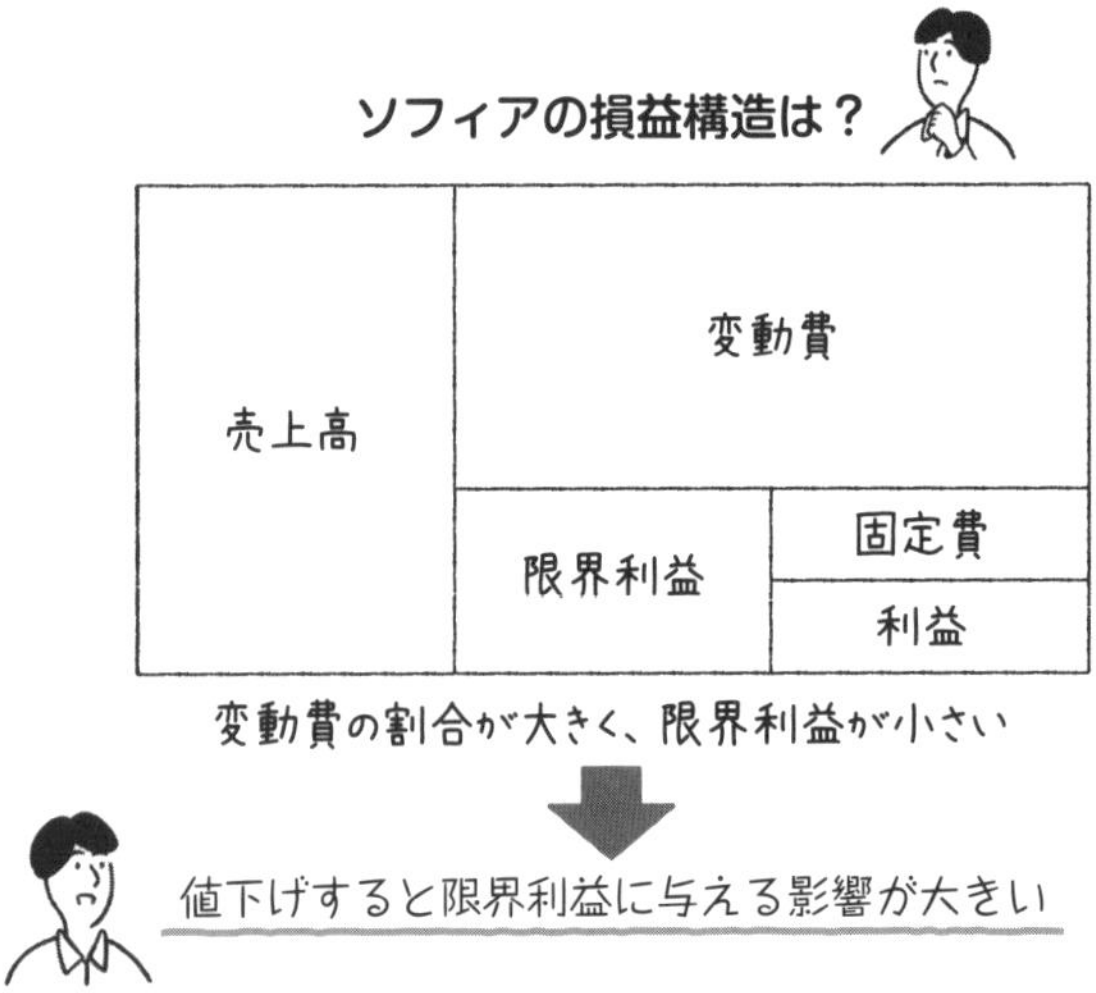
ソフィアの損益構造は？
売上高
変動費
限界利益
固定費
利益
変動費の割合が大きく、限界利益が小さい
値下げすると限界利益に与える影響が大きい

なぜソフィアは値下げNG？

〈1000円で売った場合〉

売価 1000円

変動費 800円

限界利益 200円

固定費 2000円

限界利益200円となり10個以上売れれば
固定費を回収して利益が出る

〈20%値下げして800円で売った場合〉

売価 800円

変動費 800円

限界利益 0円

固定費 2000円

限界利益０円となり何個売っても
固定費は回収できず赤字

ソフィアは20%以上値下げすると
売れば売るほど赤字になる

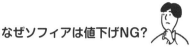

回収できず赤字になってしまう。もし25%値下げして売価を750円にしたら、売れば売るほど赤字になってしまうのよ」

「そういうことだったのですね……。軽率でした。申しわけありませんでした」

僕は再度、深々と頭を下げた。

「そんなに落ち込まなくていいわよ。それより、研修のときは寝ちゃダメよ」

「はい。本当にありがとうございました」

今回は小林さんのおかげで事なきを得たが、やっぱり会計の知識は本当に大切だ。そう思うと、パチョーリと出会えたこと、パチョーリが会計の知恵を教えてくれることにも感謝が湧いてきた。

なぜ何十万円もする飛行機のチケットがタダになるのか？

仕事を終え、ティラミスとエスプレッソを買って自宅に帰ると、パチョーリがテーブルで会計の本を読んでいた。

「おお、帰ったか。この本、なかなかよく書けとるな。感心や」

「はい、大学の授業で必読書だったので、３０００円もする本なんて初めて買いました。ほとんど読んでなかったですが」

「こういういい本はちゃんと読まなあかんで」

よく見ると、パチョーリは自分が紹介されている章を大きく赤ペンで囲み、さらに「近代会計の父」というフレーズにマーカーを引いていた。

「どうや、会計リテラシーは役立っとるか？」

「はい。でも今日は、大きなミスをしてしまいました」

「大きなミス？　なにをしでかしたんや？」

隠してもどうせパチョーリには見抜かれる。正直に伝えよう。

「限界利益の考え方を理解していなくて、安易に値下げを提案してしまったんです」

「なるほど、売ることしか考えてへんかったんやな。そりゃあおまえが悪いな」

「はい。でも上司の小林さんがフォローしてくれたんです。真っ先にクライアント先に出向いて誠実に謝罪してくれて。本当にありがたかったです」

「ええ上司に恵まれとるな。感謝を忘れんようにな」

パチョーリは涙ぐんだ。義理人情に厚い性格なのかもしれない。

「まあ気を取り直して、まずはティラミスや。エスプレッソが冷めんうちに、遠慮なく食え」

僕が買ってきたのだが……、まあいい。

「このティラミスの甘さとエスプレッソの苦味のマリアージュが最高やなあ」

この前と同じ感想だ。あれ、マリアージュってフランス語じゃなかったっけ？

「いやー、うまかった。毎度おおきに、ごちそうさん。で、さっき限界利益について言っとったけど、今日はちょうど損益構造について話そうと思ったとこやったから、ちょうどええわ。限界利益についてはもう理解できたっちゅうことでええか？」

「おそらく理解できたと思います。今日は製品の値下げを提案したのですが、この製品は変動費が大きくて限界利益が小さかったんです。だから値下げしたら限界利益がゼロになってしまって……」

「限界利益がゼロになるまで値下げするなんて、絶対やったらあかんことやんか。それなのに小林さんは、怒ることなくおまえをフォローしてくれたんか。なんてええ人なんや」

パチョーリはまた涙ぐんだ。

「本当にそう思います。で、一応言いわけをすると、先日販売した自社製品は限界利益が大きくて、値下げしても大丈夫だったので……」

「そりゃ言いわけやな。損益構造を把握してへんかったおまえが悪いで」

「はい。反省してます。大事にならなくてよかったです。損益構造を把握するのはすごく大切ですね」

「損益構造がわかってくると、世の中で売られている製品やサービスについてもいろいろわかっておもしろいで。たとえば飛行機のマイレージってあるやろ。マイルを貯めると航空券がタダになったりするやつな」

「はい。僕の友人なんてマイルを貯めるのが趣味で、いつもマイルで旅行してます」

「飛行機なんて典型的な固定費の塊や。変動費なんて機内食くらいやからな。つまり限界利益が大きいから、マイルと交換にタダで航空券プレゼントしても痛くも痒くもないし、それで顧客が積極的に飛行機を利用してくれるんなら十分メリットがあるんや」

なるほど。何十万円もする飛行機代がタダになる仕組みはそういうことなのか。

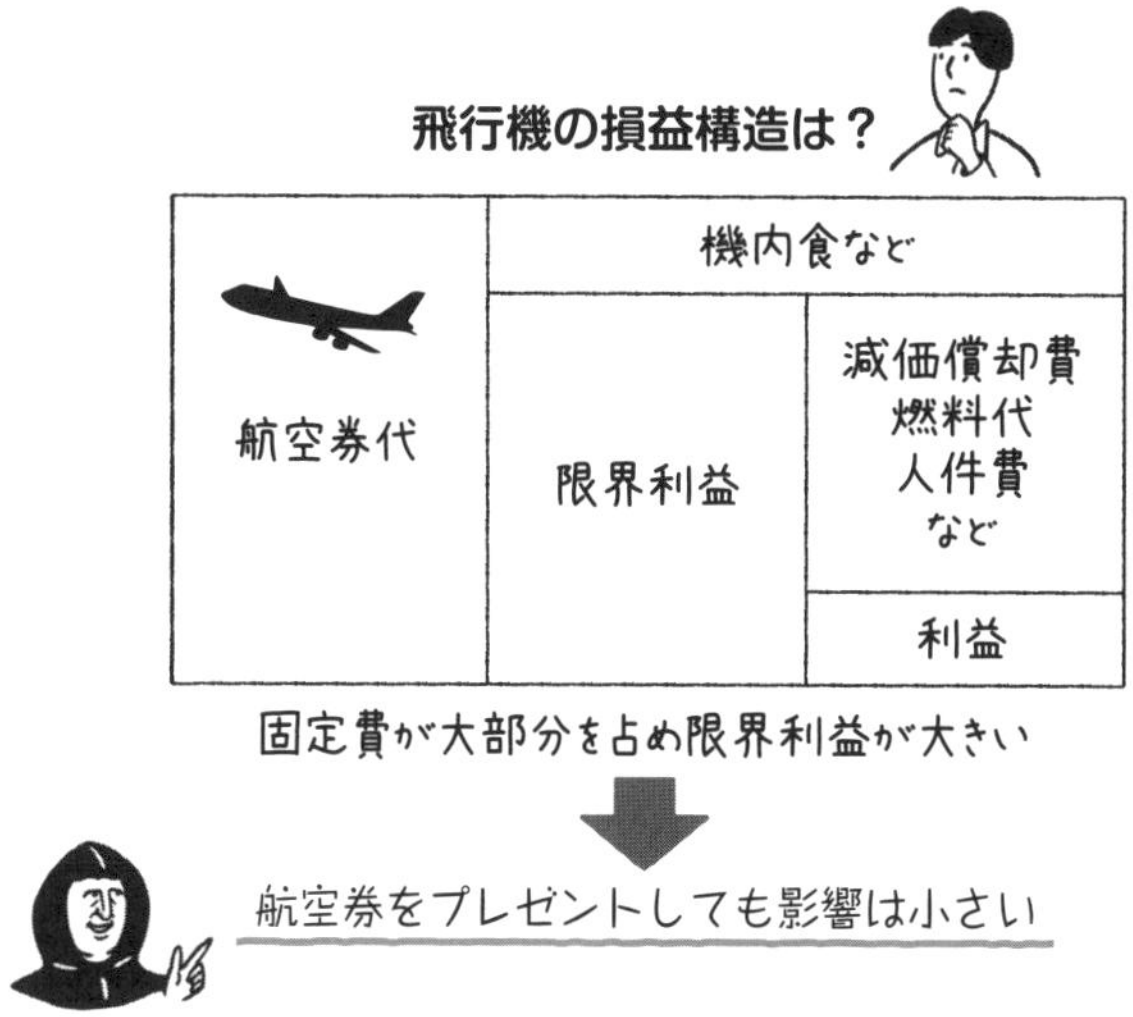
飛行機の損益構造は？
航空券代
機内食など
限界利益
減価償却費
燃料代
人件費
など
利益
固定費が大部分を占め限界利益が大きい
航空券をプレゼントしても影響は小さい

「他にも、映画3回観たら1回無料とか、一世代前の漫画やゲームソフトの無料ダウンロードとか、セミナーの動画や音声10万円相当プレゼントとかもそうや。制作にはお金がかかるけど一度完成したらあとはほぼ無料で複製できるものは、同じ原理やな」

「そうだったのですね。10万円相当プレゼントと聞いて、なんて気前がいいんだろうと思っていました」

「おまえ、ええ奴を通り越してただのお人好しやな。ちゃんと損益構造を考えなだまされるで」

会計リテラシーがないとだまされやすいのかもしれない。簡単にだまされないためにもしっかり学ばないと。

「あの、バーゲンやアウトレットで50％オフとか70％オフとかってありますけど、あれは材料費とか変動費が大きいですよね。そうすると限界利益が小さいから、あんなに値引きしたら赤字なんじゃないですか？」

「ああ、あの手の商品は、最初からバーゲンやアウトレットで売ることを見越して、品質を落として変動費を下げて限界利益を確保しとることが多いんや」

そうだったのか。70％オフはお得だと思ってたけど、最初から値引き前提でつくっていたのか。

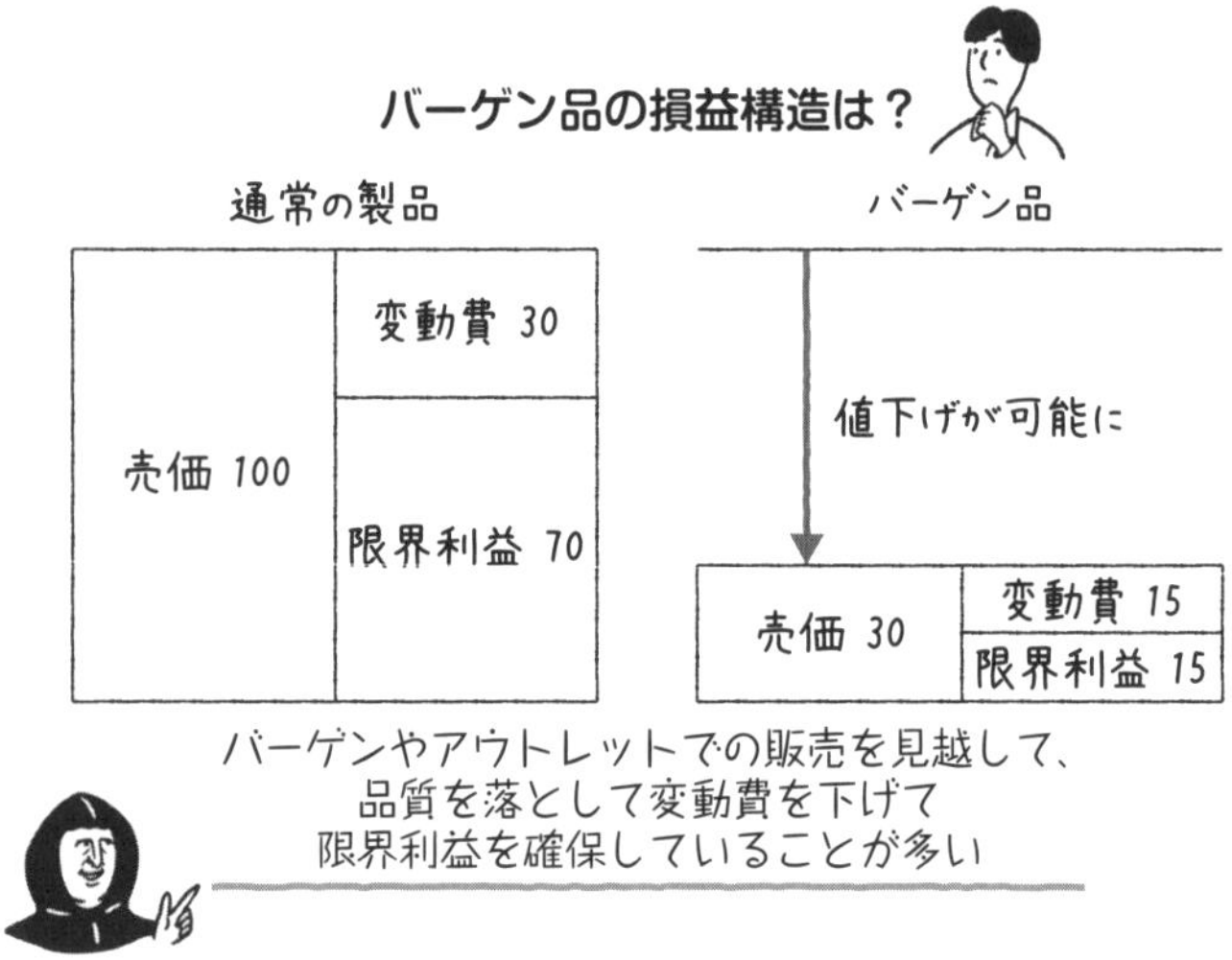

「バーゲンのときは、なるべく値引率が高いものを狙って買ってました。そのほうが得した気分になるので。でもそれって意味がないんですね……」

「バーゲン品の上代（定価）なんてあってないようなものやからな。値引率にだまされたらあかんで。ちゃんと品質を見て、自分で価値を見定めなきゃあかん」

その通りだ。上代が高いものが価値が高いと思っていたけど、自分で見極めないといけない。

「それはともかく、この変動費、固定費、限界利益っちゅう考え方は、簿記の3級では習わんし、損益計算書を見ても、費用は変動費と固定費に別れてないから、意外にわかっとらん奴も多いな」

「損益計算書を見てもわからないんですか？」

「損益計算書は、株主や債権者などの外部報告向けの**財務会計**[*81]の書類やからな。

＊81　会計情報を企業外部の利害関係者（株主、債権者、徴税当局など）に対して提供することを目的とする会計。

限界利益は内部向けの**管理会計**[*82]の考え方やさかい、会社によっては**変動損益計算書**[*83]をつくってるところもあるけど、それは内部向けやから、外からはわからん」

「それじゃあどうしたらいいんですか？」

「外部報告向けの財務会計と、経営管理向けの管理会計では、目的が違うっちゅうことや。せやから株式投資の際に会社の収益性を見るときは、限界利益まで把握できへんし、そこまでの必要もあらへん。でも**自分で事業をする際や営業する際なんかは、各商品や各事業の限界利益は知っとったほうがええな**」

「本当にそうですね」

僕は今日の失敗を思い出して深く頷いた。

■利益を増やす3つのアプローチ

「限界利益から固定費を引くと、営業利益になる。せやから利益を増やすには、価格を上げるか変動費を下げるかして**限界利益を増やすか、固定費を減らすか、販売数量を増やすか**、この3つにアプローチすればええな。そんでこの3つは、

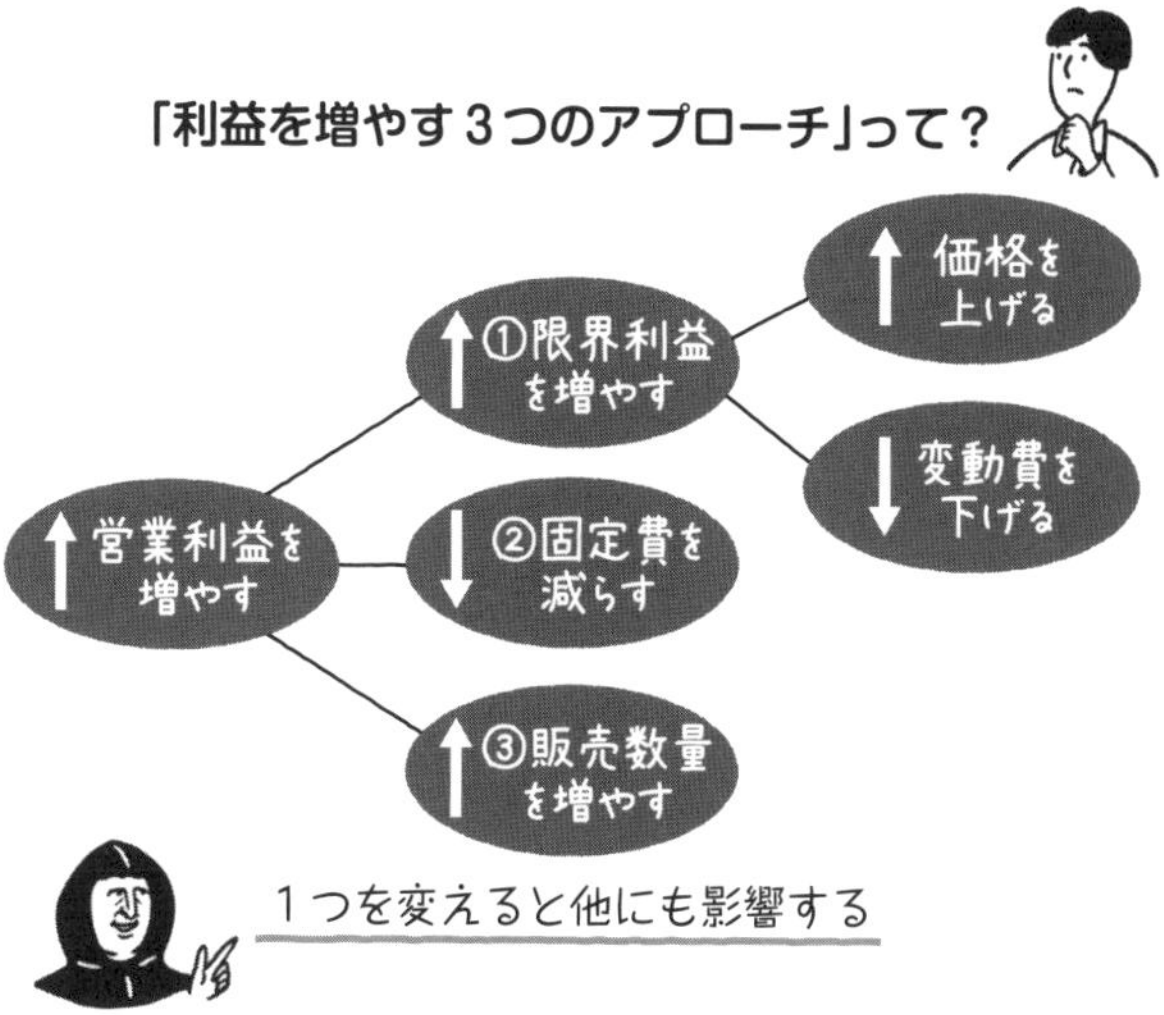
「利益を増やす3つのアプローチ」って？
営業利益を増やす
①限界利益を増やす
価格を上げる
変動費を下げる
②固定費を減らす
③販売数量を増やす
1つを変えると他にも影響する

1つを変えると他にも影響するんやで」

パチョーリは、限界利益を増やす、固定費を減らす、販売数量を増やす、とノートに書き出した。

「なるほど、そうやって整理するとわかりやすいです。これは自分で事業をやる人は理解しておいたほうがいいですね」

「なんや、おまえ自分で事業しようと思うとるのか？」

＊82　会計情報を経営管理者の意思決定や組織内部の業績測定・業績評価に役立てることを目的とする会計。

＊83　通常の損益計算書の原価及び費用を変動費と固定費に分けて表示したもの。

「あ、いえ、いますぐにというわけではないです。会計リテラシーを学んで、会社の仕事が楽しいと思い始めてきたところですし。でも『人的資本のB／S』をつくってみて、自分がどんな価値を生み出したいかを考え始めたら、なにか自分でも事業ができるんじゃないかとも思っています」

「それはええことや。いずれは自分の事業を持つとええ。ただ、最近は独立起業も流行っとるけど、焦る必要はあらへんで」

僕はパチョーリが起業を勧めてくるのかと思ったので、慎重な回答が逆に意外だった。

「え、でも時間軸を意識したほうがいいとおっしゃいましたよね」

「**時間軸を意識してスピードを速めることと、焦ることとは違う**で。起業はそんな簡単なことやないからな。しっかり準備してから起業すればええ」

そうか。時間軸と聞くとつい焦ってしまうけど、焦ることとスピードを速めることとは違うのか。

「僕の会社でも、昨年**副業が解禁**[*84]されたんです。だからなにか副業はしたいなと思っているのですが、具体的にはまだ描けてなくて」

「おまえの魂が喜ぶ仕事をしたらええよ」

「た、魂が喜ぶ仕事ですか？」

「一度きりの人生やからな。魂が喜ぶような、命が輝くような、ワクワクする仕事をどんどんしたらええ」


ワクワクする仕事か。それがなにかがわからないのだ。

「じつはパチョーリさんに教わっている会計リテラシーを部下にも伝えてみたんですが、結構楽しいんです。なので人に教えたり、人の成長に関わるような仕事はいいなと思っているのですが、具体的にはまだわからないんです」

＊84　働き方改革の一環で、政府は柔軟な働き方を実現するための環境・法整備を進めており、その具体的な方針の一つが副業解禁。２０１８年１月には厚生労働省が「モデル就業規則」を改定し、これまで「許可なく他の会社等の業務に従事しないこと」としていた規定を削除し、新たに「副業・兼業に関する規定」を新設した。

「そんな簡単には見つからんやろな。だからこそ焦らずいろいろ試してみたらええ。**どんな仕事にワクワクするかなんて頭で考えてもわからんから、やってみるしかないで**」

その通りだ。やってみなければわからない。

「起業は焦る必要はあらへんけど、副業はどんどんやったらええ。これだけ変化が速い世の中で、**会社の仕事しかしないのは逆にリスクや**。それよりも複数の仕事をして、労働所得も不労所得も含めて複数の収入源を持っておいたほうがええで。**収入源が複数あれば、なにかがダメになっても他でカバーできるし、収入も安定するからな**」

「もうそういう時代なんですね」

「当然や。もう会社が社員を養いきれなくなっとるからな。経団連の会長が、もう終身雇用は維持できないと明言する時代[*85]やで。一昔前の早期退職は55歳やったけど、いまは軒並み45歳まで下がってきとる。**会社員であっても、会社に依存するんやなくて、自分でお金を稼ぐ力を身につけることが大事**やな」

それは僕も感じている。もう会社に頼れる時代ではなくなっているのは間違いない。

「そう言われると、やっぱり焦ってしまいます」

「さっきも言うたけど、焦る必要はないで。独立したらわかることやけど、毎月安定的に給料が入ってくるっちゅうのはホンマに恵まれとることや。その立場を活かして、会社ではしっかり資本コスト以上のお金を稼ぐことに貢献しつつ、個人でも価値を生み出してお金が増える仕組みをつくることが先決やな。そのためにも、まずは副業として小さくスタートしたらええ」

「パチョーリさん、意外に慎重なんですね」

「勢いで会社辞めて起業するのもええけどな。そんな向こう見ずなチャレンジもワシは好きやで。まあ結局のところ、死ぬときに後悔しなければええんや。人っちゅうのは、なにかをやったことよりも、なにかをやらなかったことを後悔する

＊85　２０１９年５月、経団連の中西宏明会長やトヨタ自動車の豊田章男社長など、経済界の重鎮が相次いで終身雇用の見直しについてテレビカメラの前で言及した。

もんやからな。やらない後悔をするくらいなら、やって後悔したほうがええ」

僕は死ぬときに後悔しない生き方ができているだろうか。それにしてもパチョーリは慎重なのか大胆なのか？

「**大切なのは、本気で生きること**や。そのためにも、収入の手段は複数持っておいたほうがええ。そうすればチャレンジしやすいからな。無一文になることを恐れてチャレンジできないよりも、**万一の場合でも食べていける状態をつくっておいたほうが、心置きなくチャレンジできる**やろ」

「なるほど。パチョーリさんは慎重なのか大胆なのかどっちだろうと思いましたけど、収入源を複数つくっておくからこそ、大胆にチャレンジできるってことなんですね」

「その通りや。じゃあさっき伝えた、利益を増やすための3つの方法について見ていこうか。これを理解しておけば、会社での仕事だけやなく、自分で事業をする場合にも役立つからな」

「はい、お願いします！」

■①限界利益を増やす

「まず**利益を増やす方法の１つめは、限界利益を増やすこと**やな。限界利益を増やすには、変動費を下げるか、または価格を上げるかする必要があるな」

僕は先ほどの説明を思い出し、うなずいた。

「じゃあ変動費を下げるにはどうしたらええと思う？」

「えーと、変動費っておもに材料とかですよね。それなら仕入れ先と交渉すればいいんじゃないですか」

「せやな、仕入れ先と交渉するか安い仕入れ先を探すかやけど、無理に変動費を下げると、品質が下がることもあるから注意が必要や」

「やっぱり安かろう悪かろうですからね」

「安くて品質のいい材料が見つかればええけど、一般に価格と品質はある程度比例するからな。**値下げのために品質を落として、お客さまが離れてしもうたら元**

も子もないで」

　それはその通りだ。品質を下げてまで安売りをするなんてしたくない。

「あとな、大企業なんかはやりがちやけど、こちらのほうが力関係が上やからゆうて圧力かけて不当に安くしたりするのは、目先の利益は増えるかもしれんけど、長い目で見ると得策とは言えん。やっぱり仕入れ先も含めて共存共栄でやらな、ビジネスは長続きせんからな」

「はい、そう思います」

　大企業が中小企業に圧力をかけて不当に安くするような話はよく聞くが、そういうことはよくないと思っていた。パチョーリも同じ意見で安心した。

「せやから、限界利益を増やすには、変動費を下げるというアプローチよりも、価格を上げることを考えるとええ。じゃあ価格を上げるにはどうしたらええと思う？」

「価格を上げる……。うーん、簡単ではないと思いますが、やはり商品の価値を高めることではないでしょうか？」

「せやな。**価値が高ければ、お客さまは高くてもその商品を買う。**価値が低ければ、お客さまは安くてもその商品を買わへん。シンプルやな」

「そうですね」

■価値を創造する

「ここは当たり前のように聞こえるかも知らんけど、めっちゃ大事なとこやで」

パチョーリは真剣な顔つきをして言った。

「つまり、**仕事っちゅうのは、価値を創造すること**なんや」

「仕事とは価値を創造すること。そう言えばこれまで何度も、価値を生み出すってことをおっしゃってますね」

「せや。仕事っちゅうのはな、その会社やその個人の強みを活かして、なにかしらのバリューをクリエイトすることなんや」

なぜ急に英語になったのか。イタリア人なのに……。それだけ大事なことなのだろうか。パチョーリの声に力が込もっていたのだから、力説したいところなのだろう。

「じゃあ聞くけどな、この『価値』ってどんなものやと思う？」

「えーと、うちの会社の場合は、お客さまの営業にまつわる課題をシステムによって解決することです」

「そうやな。**なにかしらの問題解決。これは価値になる。**あとは業種によってもさまざまやろうけど、なんか面倒なことを代わりにやることも価値になるな。ただそういった作業の代替はもうＡＩがどんどんやっていく時代になるで。他にも専門性が価値になったり、利便性が価値になったりするな」

「そうですね」

「その中でも**これから本当に求められる価値は、よりよく生きたいというニーズに応えることや。**これだけモノもサービスも溢れている中で、人々が本当に求めていうのは、よりよく生きたい、より幸せに生きたい、より健康に美しく生きたい、より満たされて生きたい、という生き方に関する部分や」

衣食住が足りたあとは、人間が求めるのはそこなのだろう。そんな価値をうちの会社は、そして自分は提供できているだろうか。

「そんなふうに、人がより幸せに生きられるようになる価値を提供するのは、素敵だなと思います。僕がいまやっているのは、営業支援システムの提案で、それがどれだけ人を幸せにできているかと思うと、自信がないです」

「**どんな仕事でもおまえ次第で人の幸せに貢献することはできる**んやで。もちろんそれがやりやすい仕事とそうでない仕事はあるけどな。本当に相手の幸せのためにできることをすれば、それは価値になり、利益になっていくんや」

■②固定費を減らす

「じゃあ次、固定費や。固定費には、人件費、家賃、水道光熱費、交際費、リース料、広告宣伝費、減価償却費なんかがあるな」

「はい。固定された費用のことですね」

「**固定された費用というわけやなくて、売上に連動しないいっちゅうことや。**せやから当然増減はするで。たとえば広告宣伝費なんかは毎月増減するけど、売上に比例するわけやないから固定費になるんや。せやから厳密に言えば、売上連動広告の広告費は変動費になるな」

そうだったのか。毎年変わらない費用というわけではなかったのか。

「この広告宣伝費をどこまでかけるかの判断にも、限界利益の考え方が役立つで。たとえば10万円の広告費をかければ売上が20万円増えることが見込まれる場合、この広告は出したほうがええと思うか？」

「それはもちろん、広告費以上に売上が増えるなら広告を出したほうがいいんじゃないですか？」

「それはな、限界利益がどうかによって答えは変わるんや。たとえば売価1000円、変動費300円、限界利益700円の商品で考えてみるな。売上が20万円

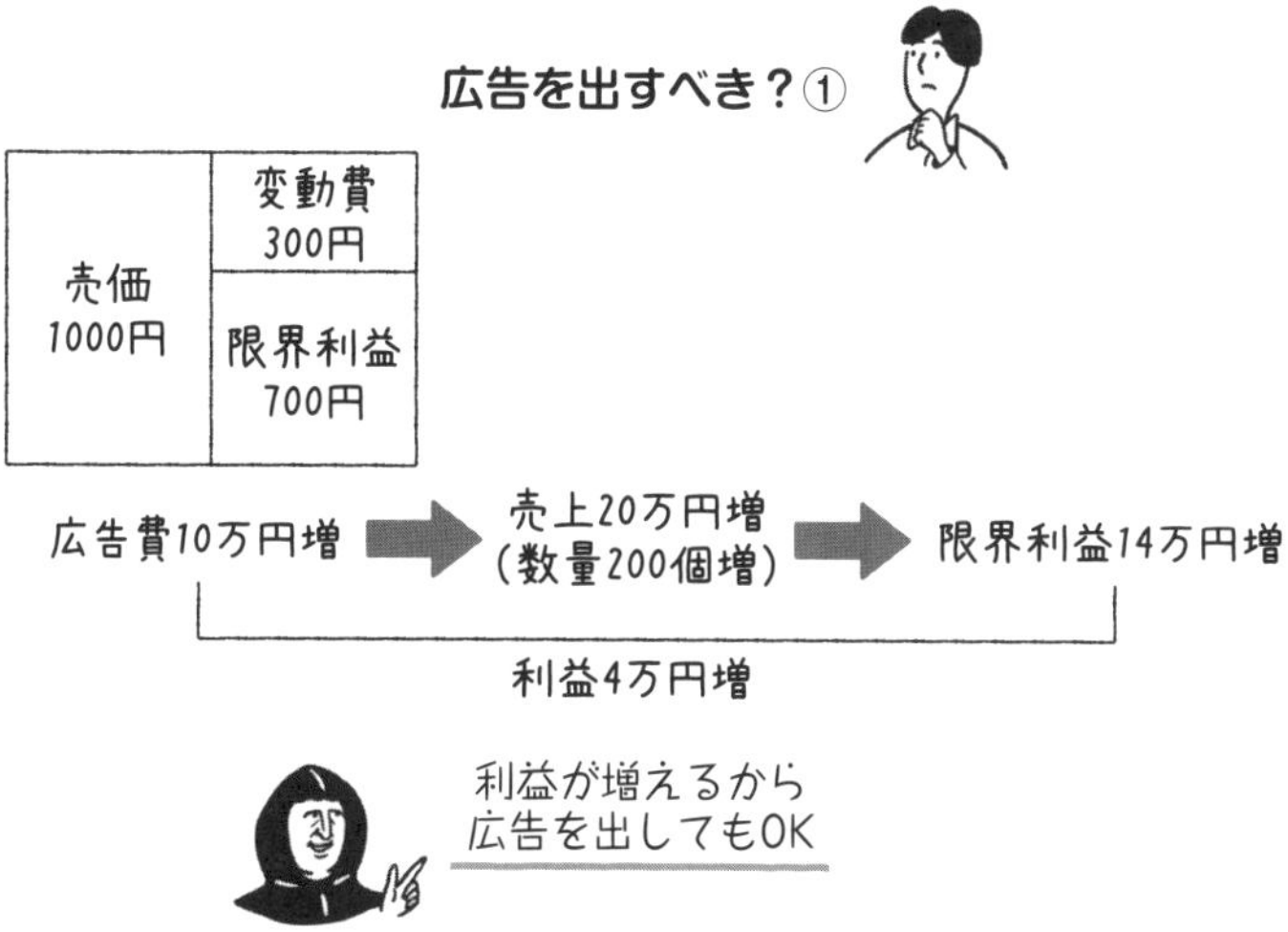

増える、つまり販売個数が２００個増えると、変動費率は変わらないと仮定した場合、限界利益が14万円増える。それなら広告費が10万円増えても利益は４万円増えるから、これはＧＯや」

　パチョーリはノートに書きながら説明した。

「でもな、たとえば売価１０００円、変動費７００円、限界利益３００円の商品であれば、売上が20万円増える、つまり販売数量が２００個増えても、限界利益は6万円しか増えへん。広告費が10万円増えとるから、利益はマイナス４万円や。せやからこの場合は広告を出すべきやない」

広告費10万円かけて売上が20万円増えるならいいと思ったけど、限界利益次第で結果は真逆になるのか。知らなかった。


「売上が増えると、なんとなくうまくいっとる気がするけど、大事なのは限界利益や。これをわかっとらん奴は意外に多いで。広告費かけて売上が増えてるのになんで利益が増えないんだろう、とか悩んどる経営者もおるからな」

「そうですよね。しかも限界利益は損益計算書には載ってないんですものね」

「せやな。で、固定費の話に戻ると、逆に固定費を下げることができれば、販売数量が減っても利益を確保できる場合もある。固定費は無駄が出やすいところや

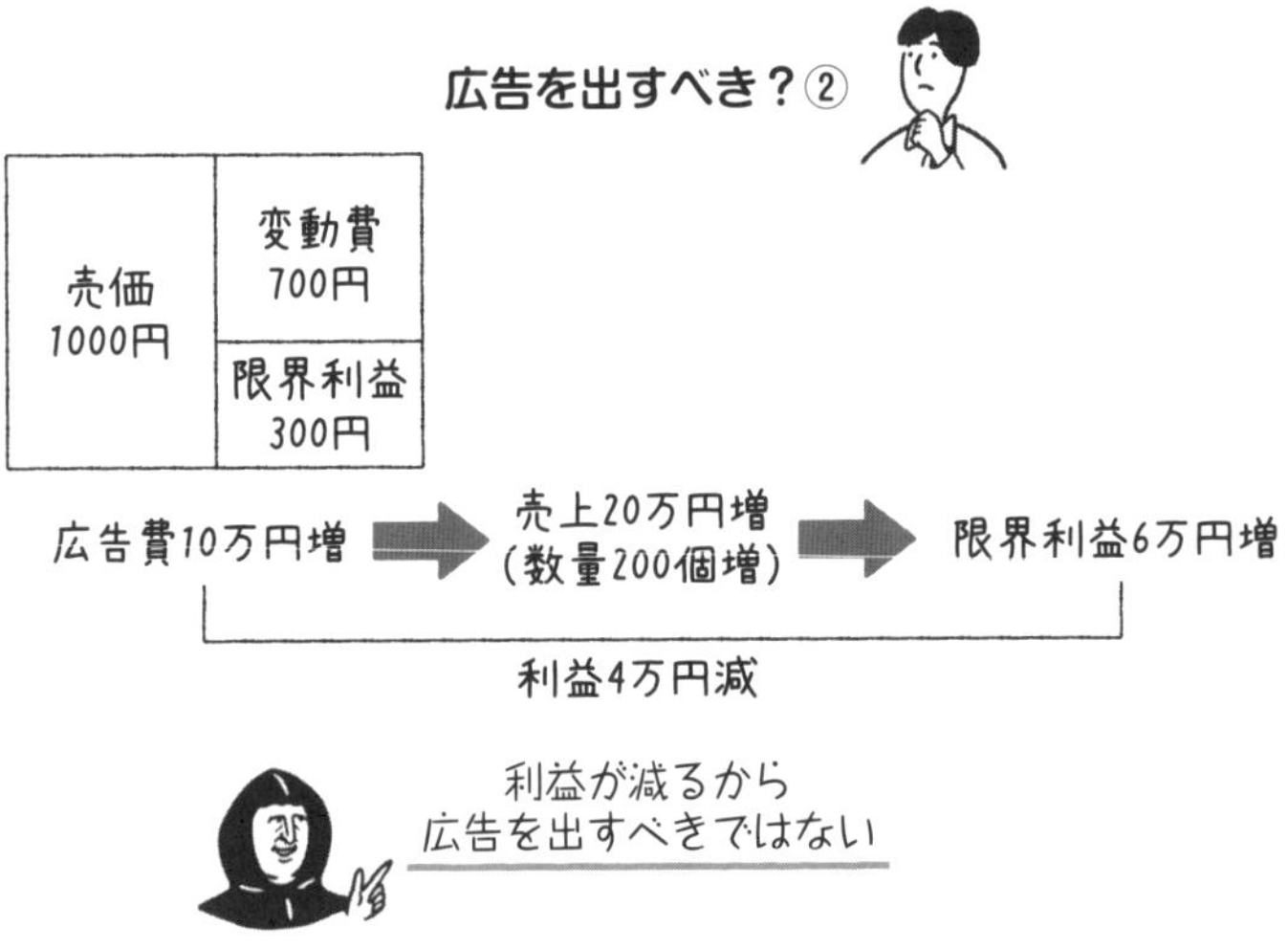

から、１つひとつ見ていくと結構下がる余地があったりするで」

「会社でも数年前と比べて交際費が厳しくなってます。僕が入社したころはもっと接待も多かったのに、いまはかなり減りました」

「お金にはコストがかかっていて、資本コスト以上にお金を増やす責任があるっちゅう会計リテラシーの意識があれば、無駄な固定費は発生せんはずや。もし無駄が多いとしたら、資本コスト以上にお金を増やす責任の自覚、つまり会計リテラシーが足らんかったっちゅうことやな」


その通りだ。僕も会計リテラシーを意識してから無駄な経費を使わないように気をつけ始めたが、以前は一切気にしていなかった。


「その自覚は会社全体としては高まってきている気がします。でも、あまりケチケチすると窮屈ですよね」

「もちろんケチケチすればええっちゅうもんやない。あまりケチると、今度は価値を創造できなくなって、結局利益を生み出せなくなってしまうからな。要はお金を活かしとるかどうかや。**お金を増やすための投資は思い切ってして、お金を**

増やさない無駄な浪費は減らすっちゅう考え方が大事やな」

■③販売数量を増やす

「じゃあ営業利益を増やすための3つめ、販売数量やな。さっきも見たように、価格を下げれば販売数量は増えるし、広告宣伝費を増やせば販売数量は増えるというように、それぞれ連動するんやけど、ここでは連動は考えずに、純粋に販売数量を増やす方法を考えてみようか。販売数量を増やすにはどうしたらええと思う?」

「それはやはり、新規開拓ではないでしょうか。僕も毎月新規のお客さまの開拓をしています」

「せやな。新規開拓も大事や。でも同じくらい大事なのが、既存のお客さまのフォローやで。**フォローすることでリピートしてもらったり、紹介してもらったりするほうが、新規に開拓するよりもずっと効率がええ**[*86]んや。新規のお客さまの場合、ゼロから信頼を構築するのにどうしても時間がかかるからな」

そうだった。それは小林さんからも言われていたことだ。新規開拓は紹介やリピートの数倍のコストがかかるんだった。

「つまり大切なんはさっきも言った価値の創造、**お客さまの幸せの創造**やな。それができればリピートが生まれるし紹介も生まれる。そこを疎かにして新規開拓ばかりしても、新しいお客さまは増えないし、既存のお客さまが離れていくリスクもあるんやで」

「はい、そうでした。つい新規開拓に意識がいってました」

「もちろん新規開拓も大事やな。世の中には、まだ出会えていないお客さまはたくさんおる。広告を活用しながら、新しいお客さまと出会い、興味関心を持ってもらい、信頼関係を築き、商品やサービスを購入してもらい、**ロイヤルカスタマー**[*87]になってもらう。そのプロセスを設計することも、すごく大切なことやで。ど

＊86　新規顧客を集客し、そこから売上をあげるためには、既存顧客から売上をあげるのに比べて５倍のコストがかかると言われる。

＊87　ある企業や商品やサービスに対しての忠誠心の高い顧客のこと。このような顧客が存在すると、他社を利用することなく自社のみを利用し続けてくれることから安定した収益が期待できる。

れだけいい商品やサービスでも、それを必要とする人と出会えなければ意味がないからな。このプロセスを設計することが**マーケティング**[*88]やな」

「マーケティングも学ぶ必要があるんですね」

「自分で事業をやるなら、マーケティングの知識は必須や。会計リテラシーとマーケティングを身につければ鬼に金棒やで」

僕も会計リテラシーとマーケティングを身につけて、会社で働きつつ、投資もし、自分で事業もやっていきたい。

「マーケティングについては立派な先生

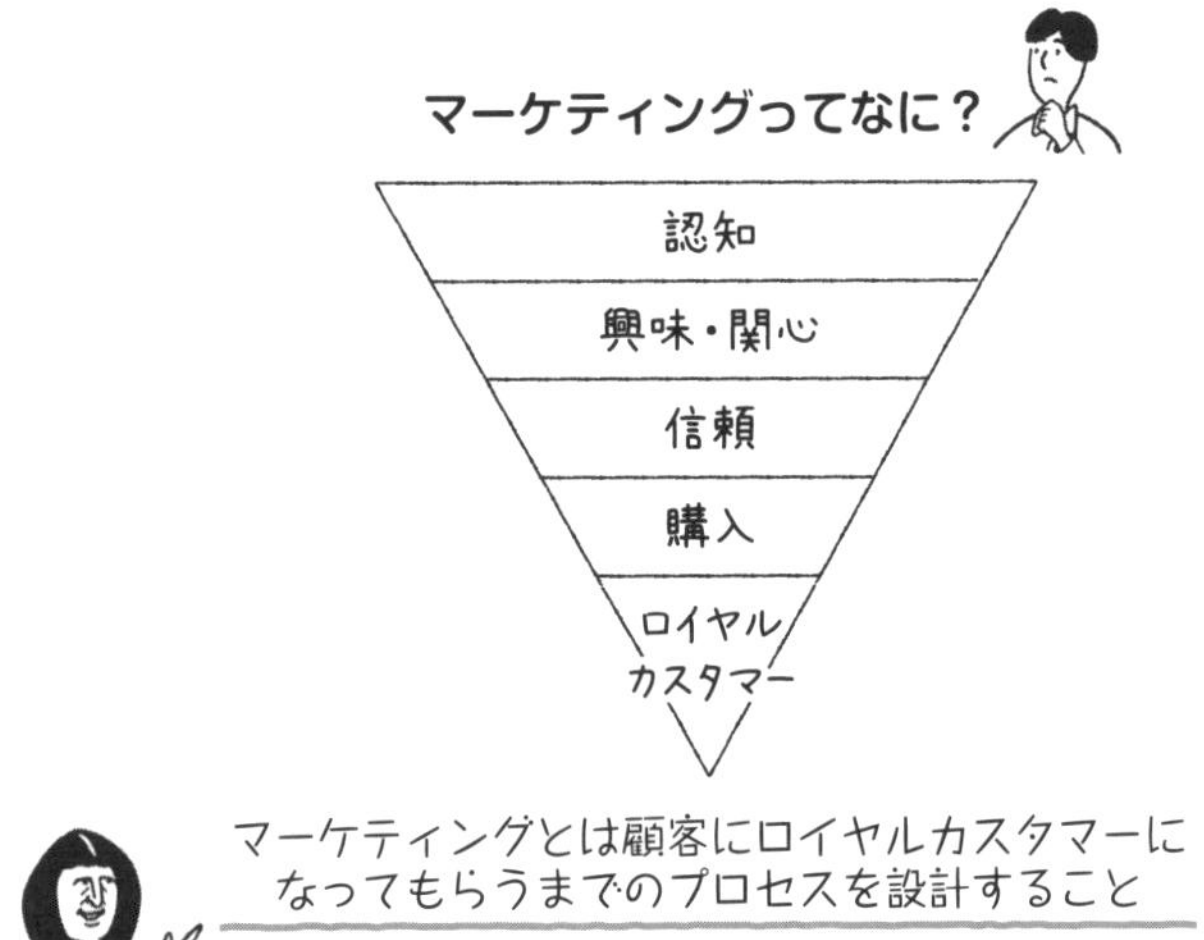

マーケティングってなに？
認知
興味・関心
信頼
購入
ロイヤルカスタマー
マーケティングとは顧客にロイヤルカスタマーになってもらうまでのプロセスを設計すること

がたくさんおるからな。自分に合った先生を探せばええ。それに対して会計リテラシーを教えとる人はほとんどおらん。せやから近代会計の父と呼ばれるワシが出向いて来たわけや」

また自分で言ってる。でもパチョーリからは、単に会計の枠を超えた、人生において大切なことを教えてもらっていると思う。

■お金を増やす一番の秘訣

「おまえも、ワシが教えたことはちゃんと実践して、本当に幸せになってくれな。それがワシの望みや」

パチョーリは優しい声で言った。急にしんみりして、どうしたんだ？

＊88　顧客が真に求める商品やサービスをつくり、その情報を届け、顧客がその価値を効果的に得られるようにするための一連の活動や考え方。

「もちろん実践します！　でも急にしんみりとしてどうしたんですか？」

「本当に幸せになるためには、矛盾するようやけど、じつはお金はそんなにたくさんはいらんねん」

パチョーリは僕の質問には答えずに言った。

「倍のお金を使ったから幸せが倍になるわけでもあらへんしな。フランスのワインはイタリアのワインよりも高いけど、イタリアのワインのほうがうまいやんな」

それはパチョーリがイタリア人だからではないだろうか。でも倍のお金を使うから幸せが倍になるわけではないというのはよくわかる。

「**大事なのは、幸せを感じる感度**や。幸せを感じる感度が高ければ、ただ海とか山とか自然が豊かな場所にいるだけでも幸せやし、お金を使わんでなにもしなくても幸せを感じるもんや。逆に幸せを感じる感度が低いと、どれだけお金を使ってぜいたくをしても心は満たされへん。せやから、**お金を増やす一番の秘訣は、**

自分が幸せであること、とも言えるな」

「自分が幸せであることがお金を増やす秘訣……。なんか深いですね」

「ええこと言うやろ。ダテに修道僧やないで」


そう言うとパチョーリは、胸にかけている十字架を自慢げに指差した。


「もっと言うとな、自分が愛と幸せで満たされていると、誰かを幸せにしたくなる。つまり価値を創造できるっちゅうことや。価値を創造できれば、それはお金になるからな。言うたら、**お金の源は愛**っちゅうことや」

「お金の源は愛。すごいですね。そんなこと考えたこともなかった」

「**お金を稼ぎ続けとる人は、ほぼ例外なく愛が深い**。愛のない奴でも稼ぐことはできるが、長続きせえへんな。やっぱり商売の基本は愛やで」

「そうなんですね。お金持ちってなにか悪いことをしているイメージがあったけど、そうではないんですね」

「それはマスコミがつくったイメージ、洗脳やな。お金持ちはなにか悪いことをしてるっちゅうイメージを植えつけることで、一般大衆がお金持ちにならないように洗脳しとるんや」

もしそうだとしたら、僕はまんまと洗脳されていたことになる。

「**お金を稼ぐんは神聖な行為**や。お金を稼げるっちゅうことは、人から信頼されとるってことや。悪いことをしとる奴は、一時的にお金を稼ぐことはできても、お金を稼ぎ続けることはできへんからな」

「そう言われればその通りですね。お金持ちがなにか悪いことをしてるっていうのは、完全な洗脳だったのですね」

「お金を稼ぐ秘訣は愛やで。やっぱり最後は愛に行き着くんや。アモーレや」

パチョーリ、さすがはイタリア人だ。

「自分を愛して、自分が満たされていれば、価値を創造できて、お金も増える。さらに自分が満たされていれば、つねに幸せやからそんなにお金もいらん。だから余ったお金を活かして誰かを幸せにすれば、それがさらにお金を生み出すっちゆう好循環やな」

「でも自分を満たすって難しいですよね。そのためにもお金はいるし、お金がなければ自分を満たせなくて、自分を満たせないとお金を生み出せないっていう悪循環に入ってしまいそうです」

自分を満たすことが大事という話は聞いたことがある。でも自分を満たすにはお金が必要だし、お金の不安が大きいと、とても自分を満たすなんて余裕はなくなってしまうのではないか。

「そんなことはあらへん。自分を満たすのにお金があるに越したことはないけど、お金がなくても自分を満たすことはできるし、自分を愛することもできる。**必要なものは自分の中にあるんやで**」

「必要なものは自分の中にある。なんか抽象的でよくわからないです」

「まあこれは、すぐにはわからへんかもしれんけどな、**幸せは外に求めるんやなくて、自分の内側にある**んやで。なんと言っても、ワシもおまえも、**すべての人が、天とつながった存在**やからな」

「天とつながった存在……」

あまりに大きな話でよく理解できないが、パチョーリと話していると、なんとなくそんな気もしてくるから不思議だ。

「会計の話からそんな壮大な話につながるなんて思ってもみませんでした」
「深いやろ。これをさっきの３つのアプローチに当てはめてみようか」
「えっ。利益を増やすための３つのアプローチですか？」

この哲学的な話が、さっきの利益を増やす話につながっていくのか？

「そうや。まず限界利益を増やす、つまり価値を高めることやけど、これはまさに愛やな。さっきも言うた通り、自分を愛して自分を満たすことが、誰かの幸せを生み出す秘訣やからな」
「はい、それはわかる気がします」
「そうやって自分を満たしていると、よけいなお金を使わなくても幸せになるから、固定費は減っていくな」

「そうですね、無駄づかいは減りますね」

「そんで自分を満たしていれば、よりたくさんの人に幸せを届けられる。つまり幸せにする人の数を増やせるんや」

「なるほど。そう考えると、自分を愛して自分を満たすことは、利益を増やすための3つのアプローチのすべてにつながるんですね」

「せやろ。だから仕事も人生も同じっちゅうことや。**仕事で成功することも、人生を幸せに生きることも、どちらも自分を愛し自分を満たすことがベース**やってことやな」

そう言われると、パチョーリの言う通り、すべてがつながっているように思う。そうか、仕事も人生も大切なことは同じなのか。

「最後に言うとな、愛っちゅうのは、**光も闇も統合すること**なんや」

「光と闇を統合？」

パチョーリの「最後に」と言う言葉が引っかかったが、それよりも光と闇の統合という聞きなれない言葉に僕は反応した。

「会計の世界もな、左と右、資産と負債、どちらも必要やろ。**資産が増えれば負債が増えるし、負債が増えれば資産が増える。**資産は欲しいけど負債はいらないっちゅうわけにはいかないやんな」

「それはそうですね。貸借同時に記録するのが会計ですからね」

「それと同じや。人間には光もあれば闇もある。陰陽やな。自分の光も闇も統合できると、人の光も闇も受け容れられる

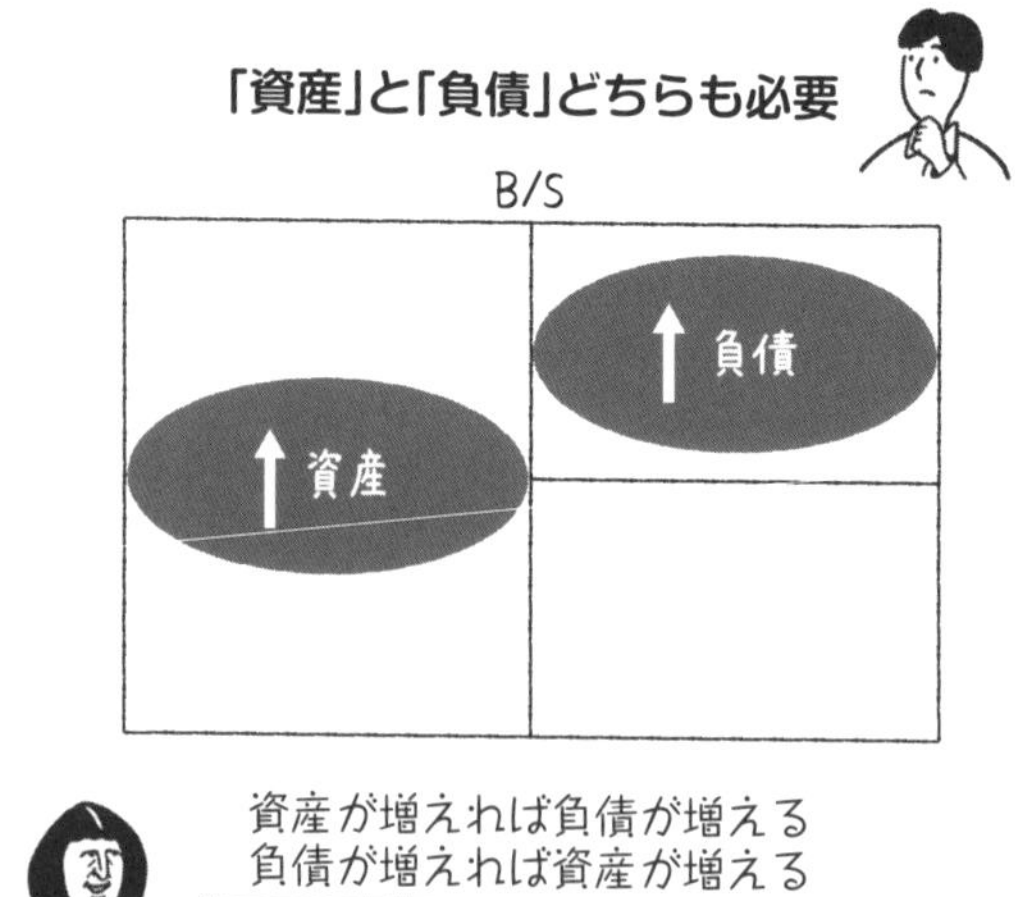

「資産」と「負債」どちらも必要
B/S
負債
資産
資産が増えれば負債が増える
負債が増えれば資産が増える

ようになるっちゅうことや。わかるか？」

「うーん、なんとなくわかる気はします」

「まあこれは、いまはわからんでもええ。ただこれからおまえがリーダーになっていくときに必要な知恵や。その知恵が会計の中にあることを覚えておきや」

「わかりました。会計は本当に深いですね。こんなにも知恵の宝庫だとは思いませんでした」

「そこまで理解できたならもう本望や。ワシの役割はもう終わったかな」

「えっ！」


僕はパチョーリの言葉に声を失った。ちょっと待ってくれ、もう終わりなのか？もっとパチョーリから学びたい。


「これからはおまえが会計リテラシーを多くの人に伝えていってくれな」

「あの、ちょっと待ってください。まだまだパチョーリさんから教わりたいです」

「ワシもそろそろ帰らなあかんねん。この半月、楽しかったで。ティラミスもうまかった」

「そんなこと言わないでください。まだ心の準備ができてないです」
「まあそう言うな。おまえはもう会計リテラシーの基本は身についとる。あとはそれを活かしていけばええんや」

そう言うとパチョーリは握手を求めてきた。

「おおきにな。楽しかったで」
「お願いです。行かないでください」

僕の目からは涙があふれてきて、パチョーリの顔がよく見えない。

「なにを子どもみたいなこと言うとるんや」
「だってパチョーリさんがいなくなったら、僕は誰から会計リテラシーを学べばいいんですか？」
「あのな、会計リテラシーは、なにもワシの専売特許やないで」

パチョーリは笑顔で語りかけた。

「ワシは近代会計の父と呼ばれとるが、複式簿記の仕組みもワシが考えたわけやなくて、商人たちが生み出し、改良を重ねてきたものを、ワシが本としてまとめただけや。会計リテラシーも同じで、ワシは会計の知恵を人生に活かすための考え方のヒントを伝えただけやで。もうワシがいなくてもおまえは十分会計の知恵を仕事と人生で活かしていけるはずや」

僕はパチョーリからなんでも教わろうと思っていた。これからは自分で会計の知恵を活かしていかなければいけないのか。

「わかりました。でもまたいつか会いたいです」

「せやな。またフラッとティラミス食べに来るわ」

「はい！　待ってます」

僕は涙をふいて力強く言った。

「ほな改めて、おおきにな」

「こちらこそ、本当にありがとうございました」

僕はパチョーリの手を、力を込めて握った。さっき涙をふいたのに、また涙が溢れてくる。でもそれは悲しみの涙ではなくて、パチョーリと出会えた奇跡に対する喜びの涙だ。

「え、あれ？」

パチョーリの姿はいつの間にか消えていた。僕の手にはまだパチョーリの温もりが残っていた。

第5章のポイント

製品の価格設定や、どこまで値引きしていいのか、どれだけ広告費をかけていいのか、などを判断するためには、製品の損益構造、とくに限界利益を把握することが不可欠です。

限界利益の考え方は、商業簿記の範囲外なので、会計の知識のある方でも理解していない方は少なくありません。

しかし営業をされている方や、事業をされている方にとっては不可欠の知識になります。限界利益で考える癖をつければ、決して難しい内容ではないので、ぜひ自社の製品や事業の損益構造を意識してみてください。

そして利益を生み出す3つのアプローチ、限界利益を増やす、固定費を減らす、販売数量を増やす、についても意識してみましょう。

とくに限界利益を増やすための、価値を創造するという視点は大変重要です。ビジネスの本質は、価値を創造することです。自分は誰にとってのどんな価値を創造しているのか、そしてその価値をどのようにお客さまに届けお金に換えるの

Point

か、をつねに意識することで、あなたの仕事や事業は確実に改善していくでしょう。

仕事とは、あなた本来のすばらしさを活かして、誰かにとっての価値、誰かにとっての幸せを生み出す神聖な営みです。

ビジネスやお金儲けに対しては、ネガティブなイメージを持たれている方も多いですが、人の幸せという価値を創造するのがビジネスです。ぜひその意識を持ってビジネスに取り組んでみてください。

パチョーリも言うように、この利益を生み出す３つのアプローチは人生にも通じます。

そのすべての根底にあるのが、自分を愛し、自分を満たし、天とのつながりを思い出すことです。それが、限界利益を増やし、固定費を減らし、販売数量を増やすことにもつながります。

そして愛とは、陰陽の統合であり、それは貸借が調和する会計の考え方ともつながるのです。会計というとどうしてもつまらない無機質なものと捉えられがちですが、パチョーリとの対話を通じて、少しでも会計の奥深さや美しさを感じていただけるとうれしいです。

第5章のまとめノート

■副業

魂が喜ぶ仕事をする！

やってみなければわからない

収入源が複数あるからチャレンジできる

■利益を増やす3つのアプローチ

①限界利益を増やす→「価値（お客さまの幸せ）」を創造する

②固定費を下げる→浪費を減らす

③販売数量を増やす→既存のお客さまのフォローとマーケティング

■パチョーリのメッセージ

・幸せを感じる感度を高める

・自分が幸せであることがお金を増やす秘訣

・お金持ちが悪いことをしているというイメージは洗脳

・お金を稼ぐ秘訣は愛

・必要なものは自分の中にある

・すべての人が天とつながった存在

・光と闇を統合

エピローグ

パチョーリと別れてから、1年が過ぎていた。

あれ以来、お金にはコストがかかっていること、資本コスト以上にお金を増やす責任があること、人の力を借りてレバレッジを活かすこと、時間軸を意識してお金の回転を速めること、損益構造を理解して価値を創造すること、を意識してきた。

仕事に取り組む姿勢が変わり、生産性が上がり、月間MVPも3回達成した。リボ払いも完済し、預金も収入の3か月分が貯まり、積立投資やiDeCoへの投資額も増え、応援したい会社への個別株の投資もスタートした。不動産投資の勉強もおもしろく、物件もいくつか見て回っているが、不動産業者が勧める物件がじつはそれほどよいものではないことも見抜けるようになってきた。

「人的資本のB／S」に名前を挙げている人の数もどんどん増えている。いままでは部署を越え、さらに会社も越えて、力を貸してくれる人の輪が大きくなっている。人の力を借りることで自然に感謝が溢れ、自分を愛せるようになり、自分が満たされているから、無駄づかいもしないし、お金は自然に増えていく。

まさかこんなに幸せに豊かに生きられるなんて、1年前には想像もしていなかった。


そして部下の石川に教えていた会計リテラシーが評判になり、社内で勉強会をするようになり、ついに半年前から、社外で会計リテラシーセミナーを副業でスタートした。まさか会計リテラシーを教えることが仕事になるとは思わなかったが、いまでは大学時代の友人の前田と渋谷も参加してくれ、社外の活動にもかかわらず小林さんも応援してくれていて、特別講師として来てもらっている。もちろん小林さんには講師料も支払っている。

マーケティングについても学び始めた。SNSで集客したら、会計の知恵を人生に活かすという視点が真新しかったのか、初めましての人が3名も参加してくれて、そのあとは会を追うごとに参加者が増えていった。

多くの人たちが、会計をつまらないものと誤解し、会計リテラシーを持たないまま、お金に振り回されていることを知った。僕が教えた人たちも、仕事への取り組み方やお金の使い方が変わり、お金に振り回されることなく幸せに生きられるようになってきている。会計リテラシーを教える仕事は僕の天職かもしれない。

そして新しく彼女もできた。会計リテラシーセミナーを受講してくれた、僕より1歳年下の女性だ。彼女も、前に付き合っていた男性が金づかいが荒く、彼のためにカードローンまで組んでいたが、僕のセミナーに参加してそのおかしさに気づき、彼と別れ、その数か月後に僕と付き合うことになったのだ。

「本当に真一さんに会って人生が変わったのよ。真一さんに出会わなかったら、あのままずっと借金を重ねてたかもしれないもの」

「あのまま行ったら危なかったよね。あのタイミングで出会えて本当によかったよ」

「真一さんは、私と1歳しか違わないのに、すごくしっかりしてるわよね。会計の知識を人生の知恵にまで高めてて、すごいと思う」

そう言われて僕はうれしい反面、うしろめたかった。僕が人生の知恵まで高めたのではなく、すべてパチョーリから教わったことだからだ。でもまさか、ルネサンス期の近代会計の父から学んだなんて言えない。

「真一さんは、会計リテラシーをどこかで学んだの？　先生とかいるの？　それともなんかの本で読んだの？」

困った。なんて説明すればいいんだろうか。

「う、うん。ある先生に習ったのだけど、もうその先生、亡くなっちゃってさ」

「そうだったのね。でも真一さんがその先生の遺志を引き継いでいるのね」

そうだ。僕はパチョーリの遺志を引き継いでいるんだ。会計リテラシーを伝え、人生に活かし、お金に振り回されることなく、お金を活かし、幸せに生きる人を増やす。これが僕の使命なのかもしれない。

「私、真一さんに出会えて本当によかった」

「ありがとう。僕もだよ」

結婚しよう、と言いたかったが、それはセミナー事業を軌道に乗せ、投資もして、ある程度の不労所得をつくってからだ。僕が病気やケガや、万一のことがあっても、家族を守れる最低限の収入の基盤をつくる。それができたら、プロポーズしよう。

僕はそう心に決めた。

「それはええ心がけやな。感心や」

ふと、パチョーリの声が聞こえた気がした。きっとどこかで見守ってくれているのだろう。

「パチョーリさん、ありがとうございます」

僕は心の中でつぶやいた。

おわりに

本書は、会計の知識を伝える本ではなく、会計の知恵を人生に活かす考え方のセンス、会計リテラシーをお伝えする本です。

会計リテラシーという用語は、私の造語です。金融リテラシーやメディアリテラシーという用語が一般に使われているように、単に知識を増やすよりも、知識を人生に活かす知恵が大事だという認識は広く浸透しているように思います。同じように会計も、簿記などの知識よりも人生に生かす知恵が大事であり、幸せな人生に役立てることこそが大切だと思います。それをより多くの方に感じていただくために、前著『君を幸せにする会社』（日本実業出版社）と同じく物語形式を採用しました。

本書の主人公であるルカ・パチョーリは、１４９４年に複式簿記について世界で初めて書籍で学術的に説明した、「近代会計の父」と呼ばれる、イタリアの数学者であり修道僧です。

私は高校時代、世の中を変えるのはビジネスだと確信し、大学は商学部に進んでビジネスを学びましたが、同級生の天才と出会い、とてもかなわないと観念し、それなら専門知識を身につけようという不純な動機で公認会計士の試験勉強をスタートしました。

そこで初めて会計に出会い、その体系の美しさに感動し、これを考案したルカ・パチョーリは「すごい！」と思っていました。

ただ実際にはルカ・パチョーリが考案したわけではなく、商人たちの間で使われ、改良を重ねてきた複式簿記を、学術的にまとめたのがルカ・パチョーリだそうです。ルカ・パチョーリも先人たちの知恵や遺志を引き継ぎ、そして私たちもルカ・パチョーリや先人たちの知恵や遺志を引き継いでいると言えるでしょう。

いずれにしても、ルネサンス期の１４９４年に学術的に確立された手法が、５００年以上経ったいまでも変わらず使われているというのは、それだけ普遍的な方法論であると言えます。

簿記はつまらないと思っている方は多いですが、本書を通じて少しでも会計の奥深さや美しさが伝われば幸いです。

じつは本書の主人公の松井真一は、過去の私自身です。

私は25歳のときに『会計のことが面白いほどわかる本』（中経出版）を上梓し、同書は２０２０年現在で日本で一番売れている会計入門書となっていますが、それだけ会計の知識を身につけていたにもかかわらず、私自身はその知識を人生に活かせていませんでした。

私は野村證券やアクセンチュアでＭ＆Ａやコンサルティングなどの業務に11年従事したあと、２００８年末に「人を幸せにする会社を創る」ことを理念に掲げて独立起業しましたが、独立してからは波乱万丈の人生でした。

独立後３年ほどは順調に業績を伸ばしましたが、会社員時代の何倍もの収入を得たことで金銭感覚が狂い、夜景の綺麗な高層ビルにオフィスを構えるなど、お金を生まない無駄なものにお金を浪費してしまっていました。

また２０１１年には、ある熱心な若者がぜひ働かせて欲しいと訪ねてきました。当時の私は、経営コンサルティングや経営塾が主軸事業であったため、社員を雇用する必要性はなかったにもかかわらず、「人を幸せにする会社を創る」コンサルティングをしている以上、私自身が社員を雇用し幸せにしなければならない、という謎の使命感に駆られ、とくに任せる仕事もないまま彼を採用し、その後も立て続けに社員を3名雇用したのです。

しかし、社員たちに任せる仕事はなく、私自身は自分の仕事を減らして社員との対話や教育に時間を割きました。社員の発案で新規事業を立ち上げるも頓挫し、会社のキャッシュはどんどんと減っていきました。

ついにはキャッシュが底をつき、借金を重ね、最後は私個人がカードローンでお金を借りて社員に給料を払うという愚挙を犯してしまいました。本文中でパチョーリが「悪魔の商法」と呼んでいた、金利15％の高利ローンです。

会計の入門書を執筆するくらい会計の知識があったにもかかわらず、それを活かすことができず、お金に苦労しお金に振り回される人生を経験しました。

そのあと、なぜこんな状態に陥ったのかを冷静に分析し、会計の知恵を活かせていなかったことに気づき、考え方やお金の使い方を変えることで、私自身の人生が大きく変わりました。

いまでは複数の事業を営み、投資もするかたわらで、この会計の知恵を伝える勉強会も開催しており、人生が大きく好転する人も増えています。

なお、本書をお読みいただいた方に、本文中で真一が作成した「自分のB／SとP／L」および「人的資本のB／S」のワーク用エクセルシート、会計リテラシー入門セミナー無料参加権、あなたに最適なお金の稼ぎ方・増やし方30分オンライン無料相談の３点をプレゼントいたします。

ご希望の方は公式LINEアカウント（@atsushi.yamamoto「山本敦之 公式LINEアカウント」という名称です）にご登録いただき、「かいけい」と平仮名でメッセージをお送りください。すぐに自動返信でプレゼントが送られます（登録できない方は info@sinzenbi.net にお問い合わせください）。

本書では詳述しませんでしたが、会計リテラシーやマーケティングを身につけたうえで、本当に大切なのは、自分を愛し自分を満たすこと、天とのつながりを思い出し自覚すること、陰陽を統合すること、です。

ご興味ある方は、拙著『君を幸せにする会社』、『宇宙とつながる働き方』（総合法令出版）、『宇宙を感じて仕事をしよう』（サンマーク出版）などもご参照いただけると幸いです。

最後になりますが、前著に引き続きお世話になった日本実業出版社の前川健輔さんをはじめ出版にご尽力いただいたみなさま、仕事を通じて大切な叡智を教えてくれているクライアントやビジネスパートナーのみなさま、そしていつも温かく見守ってくれている家族に、心から感謝申し上げます。

愛と感謝を込めて。

２０２０年２月

著者　天野敦之

天野敦之（あまの　あつし）

本名：山本敦之。一橋大学商学部在学中、公認会計士第二次試験に一発合格。アクセンチュア株式会社、野村證券株式会社を経て2008年に独立し、人を幸せにする会社総合研究所株式会社を設立。

ヨガをきっかけにスピリチュアルに目覚め、現在はお金・スピリチュアリティ・健康美を統合した観点から、経営者・リーダーが最高の自分に調えるためのセルフマネジメントや、お金の稼ぎ方・増やし方のコンサルティング、講演、執筆など複数の事業を営んでいる。

会計入門書のベストセラー『会計のことが面白いほどわかる本』（中経出版）、『君を幸せにする会社』（日本実業出版社）、『宇宙とつながる働き方』（総合法令出版）、『宇宙を感じて仕事をしよう』（サンマーク出版）など著書多数、累計40万部を超える。

公式ホームページ：http://sinzenbi.net/

公式LINEアカウント：@atsushi.yamamoto

会計《かいけい》の神《かみ》さまが教《おし》えてくれたお金《かね》のルール

2020年２月20日　初版発行

2021年１月10日　第３刷発行

著　者　天野敦之

発行者　杉本淳一

発行所　株式会社日本実業出版社　東京都新宿区市谷本村町３−29 〒162-0845
大阪市北区西天満６−８−１ 〒530-0047

編集部　☎03-3268-5651

営業部　☎03-3268-5161　振　替　00170−1−25349

https://www.njg.co.jp/

印刷／壮光舎　　製本／若林製本

この本の内容についてのお問合せは、書面かFAX（03−3268−0832）にてお願い致します。

落丁・乱丁本は、送料小社負担にて、お取り替え致します。

ISBN 978-4-534-05758-7　Printed in JAPAN